L'ADMINISTRATION PUBLIQUE

Carolle Simard
Luc Bernier

L'Administration publique

Boréal

Cet ouvrage a été publié avec l'appui du Programme de subvention globale du Conseil des Arts du Canada.

Conception graphique: Gianni Caccia
Illustration de la couverture: Marc Kokinski

© Les Éditions du Boréal
Dépôt légal: 4ᵉ trimestre 1992
Bibliothèque nationale du Québec

Diffusion au Canada: Dimedia

Distribution en Europe: les Éditions du Seuil

Données de catalogage avant publication (Canada)

Simard, Carolle, 1947-

L'administration publique

(Boréal express; 5)
Comprend des réf. bibliogr.

ISBN 2-89052-498-1

1. Administration publique. I. Bernier, Luc, 1959-
II. Titre.

JF1352.S55   1992   350   C92-097340-X

Table

INTRODUCTION   11

CHAPITRE 1
Qu'est-ce que l'administration publique?   13

CHAPITRE 2
Les champs d'activité
de l'administration publique   29

CHAPITRE 3
Le personnel des administrations publiques:
les fonctionnaires   45

CHAPITRE 4
L'organisation de l'administration publique   65

CHAPITRE 5
L'administration publique et son environnement   85

CHAPITRE 6
L'avenir de l'administration publique   101

CONCLUSION   115

BIBLIOGRAPHIE SÉLECTIVE   119

C'était vrai. À bout de patience, écœuré de vaines attentes, il s'était enfin décidé à faire son petit coup d'État en venant à Paris, lui-même, disputer aux lenteurs administratives son humble part du legs Quibolle. Et il conta que depuis vingt minutes il errait, triste chien perdu, par les tortueux dédales de la Direction. Bien sûr il ne se plaignait pas; mais à ses étranges sourires, à ses mots qu'il ne trouvait pas, à ses phrases pudibondement interminées, on reconstituait les dessous de sa lamentable odyssée; on pressentait sur quels extraordinaires locaux il avait dû pousser des portes! combien de corridors enchevêtrés avaient vu et revu sa mélancolique silhouette, aux épaules voûtées un peu déjà, par l'âge.

Les Ronds de cuir
GEORGES COURTELINE

Toutes les parties du livre *L'Administration publique* ont été pensées par les auteurs Carolle Simard et Luc Bernier. À intervalles réguliers, ces derniers ont échangé sur une version ou l'autre du manuscrit, ainsi que sur la totalité des thèmes abordés.

Carolle Simard a écrit la version finale des chapitres 1, 3, 5 et 6. Luc Bernier a écrit la version finale des chapitres 2 et 4.

Les auteurs remercient madame Micheline Plasse et monsieur Julier Bauer de l'Université du Québec à Montréal, de même que monsieur Michel Paquin de l'École Nationale d'Administration Publique, pour leurs critiques, commentaires et suggestions. Leur générosité et leur sensibilité ont permis d'améliorer le contenu de cet ouvrage.

Introduction

L'étude de l'administration publique se présente aujourd'hui comme une synthèse des connaissances, théoriques et pratiques, touchant les problèmes concrets que posent le fonctionnement de l'État et l'organisation des services publics. Au sein de tous les États, en effet, apparaissent des dénominateurs communs aux différents secteurs publics, et les identifier permet d'avoir prise sur les phénomènes administratifs. Le domaine d'investigation de l'administration publique s'est considérablement modifié et élargi au cours des dernières années, et les chercheurs en sciences humaines ont dû tenir compte de cette extension pour analyser le fonctionnement de l'État et de la société.

Les structures et les modes de gestion de l'administration publique, très spécifiques, sont soumis à de nombreuses contraintes et le personnel chargé de l'exécution des tâches administratives est assujetti à des règles de travail bien particulières. En réalité, l'administration publique est un milieu où l'action est entravée par une succession d'obstacles qui revêtent des formes multiples et variées, où les sources de conflits sont quasi illimitées et les solutions souvent difficiles. Pour comprendre la complexité extrême de ce milieu, il faut avoir recours à une batterie d'instruments de natures juridique, sociologique, politique et administrative.

L'objectif de ce livre est d'aborder cette complexité de la manière la plus claire possible, en montrant la nécessité d'étudier les administrations publiques si l'on veut bien comprendre la vie des États qui nous gouvernent. Nous mettrons d'abord en lumière les aspects principaux du fonctionnement des administrations, soient leurs structures et leurs fonctions. Cette analyse servira à préciser les différents modes d'action utilisés par les administrations et à découvrir les interrelations qui existent entre les activités du secteur public et la configuration des organes spécialement créés pour l'exécution de diverses missions. Notre dégagerons ensuite les principales caractéristiques des administrations publiques en montrant l'influence des facteurs humains, sociaux et politiques sur le fonctionnement de la machine administrative. Nous illustrerons notre propos de nombreux exemples puisés dans la réalité québécoise et canadienne.

CHAPITRE PREMIER

Qu'est-ce que l'administration publique?

Composantes et définition

Au cours de la plupart des étapes de notre vie, il nous faut transiger avec l'administration publique, partout présente: elle est puissante, tentaculaire et incontournable. Rien ou presque ne lui échappe et chaque individu doit composer avec elle sous peine de se voir refuser des autorisations ou encore d'encourir des sanctions. Il n'en va guère autrement pour la collectivité puisque l'administration publique intervient dans tous les secteurs de la vie politique, sociale, culturelle et économique. Il est donc indispensable de la connaître et de la comprendre pour appréhender le fonctionnement des sociétés modernes en cette fin du XXe siècle. En effet, l'administration publique est plus qu'un outil entre les mains du gouvernement, plus qu'un instrument permettant de satisfaire aux desiderata des politiciens et de leurs conseillers. L'administration publique fait partie de l'État moderne, «cette force au-dessus des autres», nous dit Duverger, «que légitime tout un système de croyances» (Duverger, 1970, p. 28-33). Plus précisément, l'administration publique agit dans le cadre que lui confère la division du travail au sein de l'État où «législateurs», «administrateurs» et «juges» (Duverger, *ibid.*) se partagent pouvoirs et responsabilités. Veillant à l'application des règles de droit qu'élabore le gouvernement, l'administration dispose d'un éventail de moyens plus ou moins coercitifs qui la placent au cœur d'un système d'ordre; elle agit et contraint; elle exerce, avec d'autres institutions de l'État, la violence physique légitime, grâce à un réseau d'organisations plus ou moins contraignantes chargées de surveiller l'application des lois et de punir les citoyens récalcitrants (prisons, police, tribunaux).

Dans le quotidien, l'administration publique pose toute une série d'actes administratifs qui vont de la préparation des décisions à leur exécution et à leur évaluation. Toutes ses actions découlent, directement ou indirectement, des lois votées par les parlements, eux-mêmes limités par la constitution. L'administration publique est donc soumise à l'ensemble des principes de l'État de droit qui limitent et encadrent ses actions; ce qui signifie que, tant sur le plan de la mise en application des lois que sur lui de l'élaboration des politiques publiques, l'administration agit toujours en vertu d'une loi qui l'y autorise ou d'un décret gouvernemental.

Si nous voulons définir l'administration publique, nous devons tenir compte de ses composantes multiples, résumées dans cette double réalité: d'une part elle appartient au secteur des affaires de l'État, d'autre part elle participe au maintien de l'ordre public et à la poursuite de l'intérêt général. Toute

14

une série d'activités administratives découlent de cette double appartenance.

Disons que l'administration publique, c'est d'abord l'ensemble du pouvoir administratif contrôlé par l'État (directement, par les ministères, ou indirectement, par les entreprises publiques). Retenons ensuite que c'est un réseau d'organismes chargés d'accomplir les différentes missions de l'État destinées à satisfaire un besoin d'intérêt général. Ajoutons enfin que c'est une série d'actions et de décisions administratives s'adressant à la population dans son ensemble. Il va se soi que toutes ces particularités rendent l'administration publique irréductible aux autres formes d'administrations privées (Bell Canada, Bombardier, SNC-Lavalin, les éditions du Boréal) auxquelles elle ressemble par ailleurs. En effet, dans les deux types d'administration, privées et publiques, on planifie, on organise, on commande, on contrôle, on coordonne, on évalue; il existe une division du travail et une spécialisation du personnel; des acteurs négocient des moyens lorsqu'ils ne s'affrontent pas sur les fins.

Mais toutes ces ressemblances ne sauraient faire oublier la place spécifique de l'administration publique, aussi bien auprès du gouvernement qu'au sein de la société en général et des citoyens en particulier. C'est pourquoi son rôle ne saurait être confondu avec celui des administrations privées qui ont l'obligation de rendre des comptes à leurs actionnaires et dont la fonction première est de faire des profits. De surcroît, l'administration publique présente certains traits caractéristiques: 1) un régime juridique particulier qui définit la mission de l'administration publique; 2) un mandat spécifique découlant du régime juridique et qui oblige l'administration à accomplir des tâches, à assumer des missions dont la finalité n'est pas nécessairement d'ordre économique; 3) la soumission à toute une série de contrôles politiques et administratifs quand ce n'est pas à ceux de l'opinion publique et des médias; 4) une situation de monopole et la possibilité d'échapper aux aléas commerciaux du jeu de l'offre et de la demande; 5) l'observation de règles particulières en matière de gestion du personnel et de planification des carrières.

Quant à l'étude de l'administration publique elle-même, elle renvoie à l'analyse de toutes les activités administratives du gouvernement dans les domaines de la vie sociale, économique et industrielle, culturelle et éducative, et politique. Le champ d'étude des spécialistes en administration publique recouvre tous ces secteurs et est de plus en plus diversifié.

L'étude de l'administration publique

Le quoi

Faire l'étude de l'administration publique, c'est être en mesure de cerner sa place et son rôle au sein des États modernes: exercice fort difficile puisqu'il n'est pas toujours possible de séparer les actes et les faits administratifs des actes et des faits politiques. À cette difficulté s'en ajoute une autre: la distinction nécessaire à faire entre compétences administratives et compétences politiques, entre personnel administratif et personnel politique, notamment au sommet de la hiérarchie politico-administrative. Mais si nous nous concentrons sur ce qui fait la spécificité de l'étude de l'administration publique, nous pourrons parfaitement préciser son champ d'investigation.

Disons d'abord que l'étude du secteur administratif concerne tout ce qui ne relève pas de l'organisation politique (un bureau de poste par opposition à un bureau de député, un ministère par opposition à un parti politique, un fonctionnaire par opposition à un député ou à un ministre). Ajoutons ensuite que l'organigramme du gouvernement nous donne une idée assez précise des structures auxquelles s'intéressent les chercheurs en administration publique. Soulignons enfin qu'à titre d'employés de l'État, les fonctionnaires sont assujettis à des règles juridiques et administratives particulières; c'est pourquoi ils sont également des sujets d'étude en administration publique.

Bien que ces divisions n'englobent pas la totalité de ce que les chercheurs étudient lorsqu'ils se penchent sur l'administration publique, elles précisent néanmoins les limites fonctionnelles et organisationnelles de leurs travaux. En outre, les chercheurs examinent les processus administratifs et s'intéressent notamment à la préparation des décisions et à leur mise en œuvre, aux mécanismes présidant au partage des ressources humaines et financières au sein des divers organismes et entre eux, compte tenu des objectifs à atteindre, aux différents organes de contrôle des activités administratives ainsi qu'à l'évaluation des politiques gouvernementales.

Toutes ces divisions ne constituent que la partie visible de l'administration publique. C'est pourquoi son étude ne saurait s'y limiter, au risque de produire une analyse tronquée de la réalité administrative. Étant donné que l'administration publique joue un rôle exceptionnel au sein de l'État et du gouvernement, le chercheur doit absolument en tenir compte. En effet, il ne peut ignorer la dimension politique de l'administration publique, surtout lorsqu'il analyse les processus d'élaboration des politiques ou les processus décisionnels. Si la distinction entre administration et gouvernement est généralement possible, il s'avère toutefois plus difficile d'isoler la décision administrative de la décision politique, puisqu'il n'existe à peu près pas de décision administrative pure. En effet, toute décision administrative découle d'un choix politique préalable (les nouvelles méthodes de planification et de gestion budgétaires, par exemple); de même, tout choix politique a besoin, pour prendre forme, d'un volet administratif plus ou moins développé (commissions d'enquête, élections, référendums, etc.). Pour le chercheur, il importe donc de reconnaître que l'administration publique est une facette incontournable de la vie politique et administrative, ce qui le conduira à étudier non seulement l'administration publique elle-même, mais également le gouvernement et l'État.

Le comment

Ainsi, l'étude de l'administration publique renvoie-t-elle obligatoirement à celle de l'État, des fins qu'il poursuit et des moyens qu'il utilise. Pour y parvenir, il importe d'appréhender l'administration publique comme un tout, à travers un système d'action constitué d'un ensemble de sous-systèmes. Un tel système s'insère dans un environnement social plus large avec lequel il a des échanges et présente des homologies certaines. Certes, l'administration publique constitue une entité propre et spécifique, mais elle est aussi, et en même temps, une entité relative dès lors qu'il s'agit d'une institution sociale dont l'aménagement interne est calqué sur les autres formes sociales existantes. À cet égard, l'administration publique n'est jamais totalement différente du milieu social et politique dans lequel elle évolue quotidiennement. Elle ne peut échapper aux valeurs dominantes et au code de référence ambiant. Elle est donc un système d'action vivant, ayant des échanges plus ou moins intenses avec son environnement (sur l'analyse des systèmes, voir notamment Chevallier et Loschak, 1978 et Lapierre, 1973).

Parce que l'administration publique est un système d'action ouvert et dynamique, son étude n'est possible que dans un effort constant de mise en relation avec les autres faits sociaux et les autres faits politiques. L'administration publique ne se situe donc pas dans un au-delà détaché de toute contingence, bien au contraire, puisque son étude nous oblige à regarder du côté de l'ordre politique dont elle est une composante.

Penser ainsi l'administration publique oblige le chercheur à dépasser aussi bien la vision purement instrumentale de l'administration publique que sa dimension fonctionnelle. Tout comme dans l'environnement social d'ailleurs, il existe au sein de l'administration publique des rapports de pouvoir qui donnent lieu à des négociations et des compromis, voire à des oppositions et des luttes. Car, outre les compétences formelles dévolues aux diverses instances administratives et que traduit le monde des organigrammes, il existe le monde de l'informel, qui fonctionne tantôt au secret, tantôt à la compétence, tantôt à l'incertitude, tantôt au monopole de l'information. Ces deux niveaux se superposent l'un l'autre; chacun a sa logique et ses contradictions; chacun possède son système de reconnaissance et de promotion. La tâche du chercheur se situe donc tant du côté de ce qui se donne à voir que de celui qui reste caché. Il a l'obligation d'en débusquer les multiples transformations de manière à en saisir les logiques intrinsèques. C'est si et seulement s'il y parvient que le chercheur pourra prétendre faire l'étude de l'administration publique.

Les principales problématiques

Bien qu'il existe de nombreuses façons d'analyser les faits administratifs, les chercheurs utilisent certaines problématiques plus fréquemment que d'autres. Retenons quatre approches utilisées couramment par ceux qu'intéresse l'étude des phénomènes administratifs. Ces approches, de même que les distinctions que nous faisons entre elles, ne font pas nécessairement l'unanimité parmi les chercheurs. Les approches que nous privilégions étudient l'administration publique parfois comme un fait social, parfois comme une entité subordonnée au pouvoir politique. Ce sont: l'approche juridico-politique, l'approche économique, l'approche managériale, l'approche sociologique (nous reprenons ici certaines des divisions de Chevallier et Loschak, 1978).

L'approche juridico-politique

On dit de cette approche qu'elle est institutionnelle parce qu'elle traite surtout des structures, de l'action et du contrôle. Elle décrit les administrations et les phénomènes administratifs. Elle se préoccupe également de la façon dont la règle est appliquée et des moyens utilisés pour faire observer les lois. L'administration publique est alors perçue comme une instance seconde, chargée de préparer et d'appliquer les décisions prises par les autorités politiques. Ceux qui utilisent cette approche disent qu'elle est celle qui rend compte de la façon la plus complète des aspects de la réalité administrative. D'autres, par contre, affirment qu'elle présente une image tronquée des institutions administratives parce qu'elle limite la compréhension des phénomènes administratifs à la description des structures administratives ainsi qu'à leur place dans l'organisation hiérarchique. Cette approche est fortement imprégnée de la méthode juridique et du droit administratif (voir Borgeat *et al.*, 1982).

2. L'approche économique

Cette approche permet de prendre en considération le caractère particulier des institutions politico-administratives gouvernementales par ceux qui analysent les interventions de l'État dans le domaine économique. Ce sont généralement les économistes qui utilisent ce type d'approche ou encore ceux que préoccupent la place de l'administration publique dans la gestion économique, de même que la spécificité de son rôle et les particularités de sa gestion (sur cette approche, voir Greffe, 1981).

3. L'approche managériale

Cette approche repose sur le postulat de l'existence d'une organisation rationnelle capable d'atteindre un ou des objectifs selon des conditions optimales, à l'aide d'outils appropriés. L'administration publique est assimilée à la gestion et son étude repose sur l'utilisation des notions d'efficience, d'efficacité et de rendement. Le secteur public est donc tantôt analysé à travers le prisme de la satisfaction, au meilleur coût possible, des besoins de l'organisation, tantôt à travers celui de la réalisation et au moindre coût, à la fois des besoins fonctionnels de l'organisation et des objectifs sociaux fixés. Cette «science du management» a donné lieu, déjà, à de nombreux travaux, d'abord aux États-Unis puis en Europe occidentale. (Au Québec, voir Riverin, 1984, qui donne un bon aperçu de cette approche).

L'approche sociologique

La sociologie politique et la sociologie des organisations s'intéressent toutes deux aux administrations publiques, mais selon des perspectives différentes. Pour sa part, la sociologie politique, se fondant sur l'imbrication du politique et de l'administratif, reprend l'idée selon laquelle le politique et l'administratif constituent les deux faces d'une seule et même chose. Voilà pourquoi la sociologie politique s'intéresse à l'ensemble du fonctionnement du système politico-administratif. Le champ d'étude couvert par la sociologie politique est relativement vaste et inclut aussi bien l'analyse du pouvoir bureaucratique que celle de l'élaboration des politiques gouvernementales (voir Suleiman, 1976).

Quant à la sociologie des organisations, elle tient compte des motivations, des comportements, de même que des stratégies des différents acteurs. En outre, elle reconnaît que l'environnement peut exercer une influence déterminante pour la configuration des organisations. La sociologie des organisations s'est développée sous l'impulsion du sociologue français Michel Crozier et du Centre de sociologie des organisations. Ce courant utilise une approche à la fois empirique et inductive, et nécessite, de la part des chercheurs, des observations sur le terrain (voir Crozier, 1963 et Crozier et Friedberg, 1977).

Bien évidemment, ces quatre approches n'épuisent pas la totalité des courants théoriques auxquels les chercheurs recourent lorsqu'ils étudient les administrations publiques, mais elles sont les plus importantes et, au Québec, les chercheurs attachés à l'étude du fonctionnement des administrations publiques ont été nettement influencés par l'une ou l'autre de ces orientations (Simard, 1987). En fait, ces approches renvoient à des conceptions différentes de l'administration publique. Tandis que pour les uns, elle est subordonnée aux institutions politiques, dont elle est par ailleurs distincte, elle est, pour d'autres, une organisation comparable à celles qui existent dans le secteur privé. Il s'agit là, bien sûr, d'écoles de pensée opposées avec chacune leur chef de file: d'un côté Duguit et Hauriou, de l'autre Fayol et Taylor. Mais plus précisément encore, ces écoles de pensée renvoient à la façon dont se sont développées les administrations publiques, c'est-à-dire à leur genèse et à leur évolution historique.

Développement des administrations

Leur genèse

La mise en place d'un espace administratif séparé au sein de l'État constitue un passage obligé pour toute société désireuse de se moderniser. On note d'ailleurs que, dans de nombreux pays, les bouleversements révolutionnaires ont accéléré le processus de différenciation du politique et de l'administratif. Cette nouvelle instance a pris des formes variées selon les États, bien que les fonctions sociales dévolues aux administrations soient sensiblement les mêmes partout: cohésion, unité et stabilisation. De surcroît, les administrations, en s'institutionnalisant, ont eu tendance à se reproduire à partir d'un seul modèle, celui de l'organisation bureaucratique. Il s'agit d'une forme d'organisation structurée et cohérente, «fondée sur le triple principe d'homogénéité, d'unité et de hiérarchie» (Chevallier et Loschak, 1980, p. 74). Ce type d'organisation apparaît, nous dit Weber, au moment où le capital a besoin d'administrations calculables, rationnelles et prévisibles. Le capitalisme naissant de la fin du XIXᵉ siècle, en Europe notamment, agit comme l'une des causes qui vont conduire les administrations de type féodal à se transformer et à se moderniser. Le système qui se met alors en place, rigide et opaque, possède un degré élevé de particularisme. Chevallier et Loschak parlent «d'entropie». Une fois créé, il semble indestructible, notamment en raison du développement de relais administratifs qui, non seulement épousent la même logique, mais sont également dépendants du centre du système administratif (sur cette question, voir le chapitre quatre).

De toute évidence, l'état d'achèvement d'un tel système variera selon les pays et sera tributaire du mode de production existant lors de sa mise en place (États capitalistes/États du tiers monde/États de l'Europe centrale et des Balkans). Son état d'achèvement dépendra également du régime politique en place au moment de sa constitution (régimes dictatoriaux/régimes libéraux). C'est ainsi que le système administratif se retrouvera sous des formes différentes, puisque ses fondements et les tâches qui lui sont confiées différeront d'un pays à l'autre. Simplifions les choses en disant qu'un tel système sera plus ou moins indépendant des organes politiques qui l'ont créé, tout en assurant à ces derniers une suprématie dans la conduite des affaires du pays, à travers une prise en charge des tâches à exécuter, dans le respect de la division du travail entre l'État et son administration. Les deux extrêmes d'un tel système peuvent être représentées ainsi: l'État haïtien d'un côté et l'État canadien de l'autre, ou encore l'État russe d'une part et l'État français d'autre part.

Leur évolution

Toutes les administrations se ressemblent et s'interinfluencent, étant donné la logique intrinsèque ayant présidé à leur constitution et à leur développement. En ce domaine, emprunts et mimétismes constituent la règle. Au Canada, par exemple, le modèle administratif porte la double empreinte des systèmes administratifs britannique et nord-américain. Dans chacune des provinces de la fédération canadienne, on retrouve des structures administratives voisines les unes des autres et des modes de gestion équivalents. Au Québec, jusqu'à la fin des années 50, des pans entiers de l'organisation administrative ont reproduit, en tout ou en partie, celle du Canada.

En revanche, chaque administration conserve néanmoins sa spécificité et reste différente de sa voisine. Au Canada, toutes les administrations provinciales se ressemblent bien que chacune ait ses caractéristiques propres: la date d'entrée de la province dans la fédération, sa situation géographique, les caractéristiques sociologiques, démographiques et linguistiques de sa population, la modernisation de ses équipements, la richesse de ses contribuables, etc. De toutes les administrations provinciales, celle du Québec occupe une place de premier choix sur le plan du nombre des unités administratives (ministères, entreprises publiques, organes administratifs divers) et sur celui des programmes gouvernementaux qui, au fil des ans, ont été rapatriés d'Ottawa, au nom du caractère distinct de la province.

À l'échelle de la planète, et d'une administration à une autre, les mêmes ressemblances-différences se retrouvent. Mais on conviendra aisément que des divergences notoires existent entre les administrations publiques des pays du Nord et celles des pays du Sud, entre les administrations publiques des États capitalistes et démocratiques et celles des anciens États socialistes.

Toutes ces différences vont concourir à faire des administrations publiques des lieux où, en dépit d'un niveau élevé de mimétisme, il sera difficile d'ignorer le milieu ambiant. En effet, l'administration publique n'est ni socialement indifférente ni marquée du sceau de la neutralité. Elle appartient à un système qui ne saurait fonctionner en vase clos, totalement coupé de la réalité sociale qui l'entoure. Au contraire, et sans contredire ce qui a été dit précédemment à propos de l'imperméabilité du système administratif, les caractéristiques sociales et culturelles exerceront une influence déterminante sur tout système administratif. Dans certains pays, par exemple, des considérations de langue (Canada, Belgique), de religion (Liban) et d'ethnie (plusieurs États d'Afrique noire) seront aussi importantes pour expliquer la configuration des administrations publiques que les caractéristiques proprement politiques et économiques.

Partout, les administrations publiques sont à la fois l'expression de leur milieu social et culturel et celle d'un haut degré de particularisme. C'est ainsi qu'elles naissent, évoluent et se transforment. Cela dit, elles ne se limitent pas à reproduire exactement ce qui se passe ailleurs, tant dans les entreprises privées que dans le reste de la société. Elles ne sont pas, non plus, le réceptacle de toutes les modifications qui affectent le système dans lequel elles se trouvent. En revanche, les administrations publiques ont l'obligation de s'adapter à leur environnement en épousant, avec plus ou moins de variété, les changements affectant l'organisation sociale. Voilà pourquoi, par exemple, les administrations publiques des pays industrialisés n'ont pu éviter de se pencher sur des questions aussi controversées que la syndicalisation de leur personnel et leur droit de faire grève, ou que l'adoption de mesures censées garantir l'égalité des salaires pour un travail équivalent.

Paradoxalement et, au moment même où, dans plusieurs pays capitalistes avancés, l'État providence est remis en cause sous la pression des groupes qui s'inquiètent de la hausse vertigineuse des dépenses publiques et du niveau d'endettement des gouvernements, de profonds bouleversements s'annoncent qui viendront modifier le rôle de l'État et celui des administrations publiques. Il faudra faire plus et mieux avec moins, tout en prenant en charge de nouveaux secteurs d'activité. L'environnement, les nouvelles techniques de reproduction, la lutte contre le terrorisme international et contre les narco-trafiquants demandent tous, chacun à sa manière, une intervention de l'État et une prise en charge administrative. Bien qu'il soit très difficile, aujourd'hui encore, d'évaluer la teneur des ajustements auxquels les administrations publiques devront consentir pour leur permettre de faire face aux défis du XXIe siècle, il est facile, par contre, de prédire que de profonds changements devront se faire si l'État moderne veut continuer de s'acquitter, par le biais de son administration, de ses nombreuses missions, les anciennes aussi bien que les nouvelles.

CHAPITRE DEUX

Les champs d'activité de l'administration publique

L'administration publique ne fonctionne pas en vase clos, elle est un rouage indispensable d'un système politique donné. Un système est composé d'éléments interdépendants dont la nature des liens est telle que si l'un d'entre eux est modifié, les autres le sont aussi et, par conséquent, tout l'ensemble en est transformé (Lapierre, 1973). Dans la plupart des pays, l'administration est chargée de la mise en œuvre des politiques gouvernementales, qui prennent souvent la forme d'une série de mesures destinées à résoudre les problèmes et à chercher des solutions.

Les politiques gouvernementales peuvent être considérées comme une résultante à la fois des activités du système politique et de celles de l'administration publique. Lorsqu'un gouvernement décide d'agir, il a le choix entre diverses solutions habituellement suggérées par l'administration publique. Il choisit alors la ou les solutions qui lui paraissent préférables, en s'appuyant sur des critères d'ordre administratif, politique et financier. Ensuite, la décision est traduite en programmes, c'est-à-dire en un ensemble d'activités organisées dans le but d'atteindre des objectifs précis. Les programmes permettent donc de mettre en œuvre les politiques gouvernementales. Ces dernières sont évaluées périodiquement soit par l'administration elle-même, soit par des consultants externes, l'objectif recherché étant d'améliorer les politiques futures.

De nos jours, il y a de moins en moins de secteurs dans lesquels l'administration publique ne joue pas un rôle, par politiques gouvernementales interposées. Identifier ces secteurs est une entreprise presque impossible étant donné leur nombre sans cesse croissant. C'est pourquoi les spécialistes de l'administration publique les ont regroupés en missions ou domaines d'intervention de l'administration publique. Par mission on entend les fonctions pour lesquelles les services publics ont été institués par le pouvoir politique (Gournay, 1978, p. 17).

Les missions de l'administration publique

Dans un passé encore récent, les missions de l'administration publique se limitaient à la perception des impôts et à l'entretien des armées. Peu à peu s'y sont ajoutées de nouvelles tâches telles que l'administration de la justice et de la diplomatie, et le développement d'infrastructures économiques. Puis, petit à petit, l'État s'est substitué à d'autres institutions, civiles ou religieuses, dans les domaines de l'éducation, de la culture, des soins de santé et des services sociaux. Finalement, l'intervention directe de l'État dans l'économie est devenue pratique courante, celui-ci entrant même parfois en concurrence avec les entreprises privées par le biais de ses entreprises publiques ou parapubliques.

Historiquement, l'État a invoqué différents motifs. Dans certaines situations, il s'agissait de remédier à l'inexistence d'institutions. Ce fut le cas, au Québec, pour l'électrification rurale que les entreprises privées jugeaient non rentable il y a moins de quarante ans. Dans d'autres situations, il s'agissait de remplacer des institutions existantes. Ce fut le cas, au Québec toujours, pour l'éducation, les affaires sociales et la santé, domaines où l'État détrôna l'église catholique au début des années soixante. Ces activités étatiques, souvent fort modestes au départ, connurent parfois une croissance exponentielle (ainsi, après avoir apporté son soutien à quelques écoles d'agronomie, l'État québécois en vint à participer intensivement à l'industrie agro-alimentaire, par le biais d'entreprises publiques et d'offices de commercialisation des produits).

Aujourd'hui, on regroupe les interventions de l'État québécois et de l'administration en quatre grands secteurs ou missions: la mission sociale, la mission éducative et culturelle, la mission économique et la mission administrative et gouvernementale. Au Québec, comme l'illustre le tableau 1, ces missions ont été divisées en quinze domaines (par exemple, la mission économique est, entre autres, subdivisée en politique des ressources naturelles et en politique des industries secondaires). Ces quinze domaines sont à leur tour divisés en plus de quarante secteurs qui se subdivisent en plus de 175 programmes, eux-mêmes subdivisés en activités, projets et opérations.

Au Canada, les champs d'intervention des administrations publiques fédérale et provinciale sont attribués selon le partage des juridictions inscrites dans la constitution canadienne. Au Canada, les municipalités et donc les administrations publiques municipales relèvent des gouvernements pro-

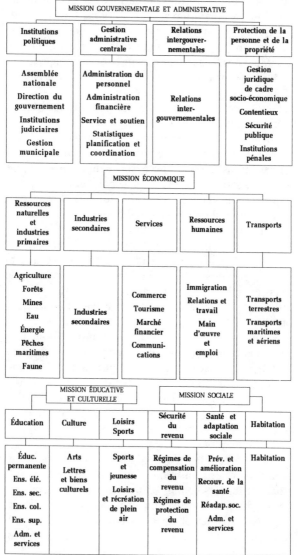

TABLEAU 1
Missions de l'administration publique québécoise

MISSION GOUVERNEMENTALE ET ADMINISTRATIVE

Institutions politiques	Gestion administrative centrale	Relations intergouvernementales	Protection de la personne et de la propriété
Assemblée nationale Direction du gouvernement Institutions judiciaires Gestion municipale	Administration du personnel Administration financière Service et soutien Statistiques planification et coordination	Relations intergouvernementales	Gestion juridique de cadre socio-économique Contentieux Sécurité publique Institutions pénales

MISSION ÉCONOMIQUE

Ressources naturelles et industries primaires	Industries secondaires	Services	Ressources humaines	Transports
Agriculture Forêts Mines Eau Énergie Pêches maritimes Faune	Industries secondaires	Commerce Tourisme Marché financier Communications	Immigration Relations et travail Main d'œuvre et emploi	Transports terrestres Transports maritimes et aériens

MISSION ÉDUCATIVE ET CULTURELLE · **MISSION SOCIALE**

Éducation	Culture	Loisirs Sports	Sécurité du revenu	Santé et adaptation sociale	Habitation
Éduc. permanente Ens. élé. Ens. sec. Ens. col. Ens. sup. Adm. et services	Arts Lettres et biens culturels	Sports et jeunesse Loisirs et récréation de plein air	Régimes de compensation du revenu Régimes de protection du revenu	Prév. et amélioration Recouv. de la santé Réadap. soc. Adm. et services	Habitation

Source: *Annuaire du Québec*

vinciaux (cf le chapitre quatre). Ces administrations municipales sont fort nombreuses mais elles demeurent moins structurées et il est impossible d'en dresser ici un tableau d'ensemble comme nous pouvons le faire pour les administrations provinciale et fédérale. Il existe certains chevauchements dans le partage de ces juridictions comme on le voit au chapitre quatre également. C'est ce qui explique que certaines missions de l'administration publique québécoise soient aussi du ressort de l'administration publique canadienne. Outre les chevauchements, certaines missions sont remplies simultanément par les deux administrations publiques. Les champs d'intervention de l'administration publique canadienne sont illustrés par la liste des ministères du gouvernement du Canada présentée au tableau 2.

TABLEAU 2

Ministères fédéraux

Affaires extérieures	Finance
Affaires indiennes et du Nord	Forêts
Agriculture	Industrie, Sciences et Technologie
Anciens Combattants	
Approvisionnements et Services	Justice
	Pêches et Océans
Communications	Revenu
Consommation et Corporations	Santé et Bien-être social
Défense nationale	Secrétariat d'État
Emploi et Immigration	Solliciteur général
Énergie, Mines et Ressources	Transports
Environnement	Travail
	Travaux publics

Source: *Annuaire du Canada,* 1992

Généralement, les missions sont définies par des lois et des règlements et sont mises en œuvre grâce aux différents programmes. Ces derniers, qui doivent respecter des règles budgétaires précises, sont évalués régulièrement.

Dans les pages qui suivent, nous décrivons comment l'administration publique prépare les lois et les règlements, met en œuvre les politiques, contrôle ses dépenses et évalue les résultats obtenus.

La préparation des lois et des règlements

Dans un système démocratique, l'administration publique a pour tâche première de mettre en œuvre les décisions prises par les instances politiques. De plus, confrontés à la complexité croissante et inévitable des tâches à remplir, les politiciens s'adjoignent les fonctionnaires pour préparer les lois et les règlements qui permettront l'application de ces décisions.

L'élaboration et l'adoption des normes de comportement que doivent respecter les citoyens, les groupes, les corporations ou l'État lui-même constituent l'activité législative au sens large. Ces normes peuvent, on l'a vu, prendre la forme de lois ou de règlements.

Le Parlement détient l'autorité législative et le gouvernement l'autorité exécutive. En d'autres termes, le Parlement vote les lois et le gouvernement les applique. Ce sont les ministres qui présentent au Parlement les projets de loi publics. On comprendra aisément que, dans un gouvernement moderne, un ministre ne puisse préparer seul tous les projets de loi qui relèvent de sa responsabilité, car il manque de temps et ne possède pas toujours l'expertise technique nécessaire. Il a donc besoin de l'aide des fonctionnaires.

Un projet de loi doit franchir plusieurs étapes avant d'être adopté par le Parlement. En général, l'administration publique se charge de son élaboration et ce sont les juristes du service juridique du ministère concerné qui pilotent l'ensemble. Parfois, ces derniers doivent consulter le ministère de la Justice qui compte à son service une équipe d'experts. Avec eux, ils s'assurent de la solidité juridique de leur démarche.

Un mémoire destiné à expliquer le contenu du projet de loi accompagne souvent ce dernier. Outre l'exposé de la situation, on y trouve la liste des lois existantes touchées par ce projet de loi, les solutions envisagées pour remédier aux problèmes identifiés (avec leurs avantages et leurs inconvénients), les implications financières et organisationnelles des divers scénarios proposés et, enfin, l'inventaire des consultations interministérielles effectuées ainsi que les recommandations du ministre.

Ce mémoire permet au Conseil des ministres et aux comités ministériels permanents qui assistent le Conseil des ministres de prendre connaissance de l'ensemble du dossier et d'amorcer la discussion.

Par ailleurs, l'administration publique a aussi la responsabilité de la préparation des règlements. Un règlement est une norme de comportement établie expressément en fonction d'une loi. Les règlements, qui sont adoptés par le Conseil des ministres, servent à préciser la portée des principes généraux des lois et à assurer leur mise en œuvre. Un projet de règlement est conçu et rédigé par le ministère qui doit appliquer la loi votée. Ce projet, recommandé par le ministre responsable, est expédié au secrétariat général du Conseil exécutif où l'on coordonne le traitement des différents projets; ceux-ci sont ensuite examinés par les comités permanents appropriés et le Bureau des règlements du ministère de la Justice. Lorsque les modifications nécessaires ont été apportées, le projet est inscrit pour décision à l'ordre du jour d'une réunion du Conseil des ministres. Une fois adopté, un règlement est publié dans la Gazette officielle. Les règlements entrent en vigueur à la date de publication ou à une date ultérieure qui y est mentionnée (Borgeat *et al.*, 1982).

À ce sujet, il faut signaler que le contrôle exercé par l'administration sur cette activité réglementaire a été l'objet, au fil des années, de plaintes répétées de la part de divers groupes. Ces derniers y voient un détournement du pouvoir législatif au profit de l'administration publique. D'ailleurs, ces dernières années, la prolifération des règlements a fait l'objet de nombreuses études et donné naissance à des commissions d'enquête, mais la tendance n'en a pas été inversée pour autant.

Aujourd'hui encore, la préparation d'un texte de loi, la préparation du mémoire accompagnant l'énoncé de politique et l'élaboration de la réglementation se font sous l'autorité de l'administration publique. En un sens, on peut donc dire que le Parlement, qui est censé légiférer, a perdu le contrôle du processus d'élaboration des lois. D'ailleurs, la mainmise de l'administration publique sur l'élaboration des politiques et sur la préparation des lois a fait craindre, un certain temps, un empiètement irréversible sur les prérogatives des organes politiques. Mais ces craintes commencent à s'estomper à la suite de transformations récentes dont les privatisations par lesquelles l'État se retire de divers secteurs d'activité, le ralentissement de la croissance des budgets et l'arrêt de l'embauche de fonctionnaires.

Retenons simplement ici que ces changements ont eu pour effet de limiter le pouvoir de l'administration publique qui demeure néanmoins un acteur de première importance à toutes les étapes de l'élaboration des lois et de la mise en œuvre des politiques.

La mise en œuvre
des politiques gouvernementales

La mise en œuvre des politiques gouvernementales et des programmes peut être définie comme l'ensemble des activités réalisées après l'adoption d'une loi et la promulgation des règlements qui en découlent. La transposition des textes légaux en moyens administrativement réalisables permet le suivi des politiques gouvernementales.

Trois séries de facteurs influencent la mise en œuvre et le succès de ces politiques (Mazmanian et Sabatier, 1983).

Il faut premièrement que la loi ait des objectifs clairs qui puissent servir de guide aux gestionnaires publics et leur dicter une ligne de conduite. Elle doit également spécifier les pouvoirs dont ils disposent pour réussir la mise en œuvre et indiquer les ressources financières prévues. Enfin, elle doit préciser qui est responsable de cette mise en application et planifier la coordination des différents organismes gouvernementaux concernés.

Deuxièmement, le succès suppose également qu'il existe des solutions possibles aux problèmes auxquels s'attaquent les politiques gouvernementales. Des considérations techniques entrent donc en ligne de compte. Par exemple, l'élimination des pylônes des lignes de transmission électrique enjambant le Saint-Laurent nécessite des techniques de transmission sous-marine qui ne sont pas encore au point. Il faut aussi tenir compte de l'ampleur des changements désirés. Les politiques environnementales se heurtent à ce genre de problème. Par exemple, pour réduire le niveau de pollution des eaux usées il faut s'attaquer à d'innombrables sources de pollution, ce qui rend difficile et laborieuse la rédaction des règlements. Il faut enfin tenir compte de la proportion de la population qui est affectée par une politique donnée: touche-t-elle un groupe précis dans une région précise, ou bien touche-t-elle une proportion importante de la population comme c'est le cas en matière de politique linguistique, par exemple? Avec le temps, l'administration publique a acquis des compétences sur toutes ces questions.

Troisièmement, la mise en œuvre des politiques gouvernementales peut être influencée par des facteurs externes. Ainsi, des facteurs socio-économiques ou des transformations technologiques peuvent grandement altérer l'impact prévu d'une politique. Par exemple, la volonté de réduire la pollution atmosphérique causée par les industries papetières peut se heurter à l'évolution internationale de ce secteur d'activité et à des difficultés financières qui les rendent incapables, pour un certain temps, d'investir dans de nouveaux équipements anti-pollution. Par ailleurs, l'appui que le public, les groupes concernés ou les politiciens apportent à certains programmes peut varier avec le temps. L'administration publique ne trouve donc pas toujours le soutien qu'elle espère obtenir. Hydro-Québec se heurte à l'hostilité de divers groupes qui s'opposent, par exemple, à la construction de nouveaux barrages à la Baie James, alors que la première phase s'était déroulée sans anicroche, il y a vingt ans.

Enfin, une mise en œuvre doit, pour réussir, tenir compte des capacités administratives des différents organismes publics existants. La décision de confier une mise en œuvre à un organisme encore à créer suppose que le gouvernement peut se permettre d'attendre que cet organisme ait atteint sa vitesse de croisière, ce qui peut prendre un certain nombre d'années. Dans un système démocratique, où les élections reviennent en moyenne tous les quatre ans, c'est un luxe que peu de gouvernements sont prêts à se payer. Ils doivent donc se fier aux organismes déjà existants et, par là même, aux procédures employées par ces derniers. Les procédures employées par les administrations publiques conditionnent donc les possibilités d'intervention des gouvernements (Allison, 1971). Ou, en d'autres termes, que ce soit dans un contexte de crise ou dans un contexte de routine, l'éventail des opérations que peuvent effectuer les différentes organisations qui composent l'administration publique correspond aux moyens dont les gouvernements disposent pour agir. Outre sa participation à la formulation des politiques, l'administration publique conditionne donc les décisions politiques elles-mêmes.

Le contrôle budgétaire

Afin de mettre en œuvre les politiques gouvernementales, l'administration publique a besoin de ressources. Or, depuis le choc pétrolier de 1973, les difficultés budgétaires croissantes des États les ont obligés à une plus grande rigueur dans la gestion des fonds publics. Par conséquent, les organismes de contrôle ont connu une forte croissance. Les États ont donc appris à budgétiser, c'est-à-dire à planifier l'allocation annuelle des ressources financières, humaines et physiques nécessaires à la mise en œuvre de leurs politiques. La budgétisation se fait par programme, ce qui met l'accent sur les productions gouvernementales. C'est le ministre des Finances qui présente au Parlement le budget de l'État, qui veille à l'élaboration des comptes publics et qui approuve les enveloppes budgétaires totales des ministères.

La préparation annuelle du budget par le gouvernement et l'administration est, dans les États modernes, un processus long et complexe auquel participent tous les ministères. Quatre groupes de protagonistes entrent en jeu: les responsables des services des ministères, les fonctionnaires des administrations centrales, les ministres et le Conseil du trésor (voir Gournay, 1978).

Les responsables cherchent à obtenir les crédits nécessaires au maintien du rythme des dépenses des années précédentes et, si possible, à obtenir de nouvelles ressources, ce qui est très rare en période de compression budgétaire.

Dans les administrations centrales des gouvernements du Québec et du Canada, comme le ministère du Conseil exécutif, le bureau du Premier ministre ou le bureau des relations fédérales-provinciales, s'ajoute aux pressions pour améliorer les services rendus à la population, la nécessité d'arbitrer le partage des ressources de l'appareil administratif. On doit, dans ces organismes centraux, décider de l'attribution du personnel et contrôler la croissance des dépenses. On doit également attribuer ces ressources humaines et financières selon les priorités gouvernementales. Pour obtenir les ressources nécessaires, les ministres reprennent, au niveau politique, les discussions que leurs fonctionnaires ont déjà eues au niveau administratif.

Les principaux organismes administratifs chargés du contrôle budgétaire sont, outre le Conseil du trésor, le Vérificateur général et le Contrôleur des finances. Le rôle du Conseil du trésor consiste, idéalement, à équilibrer les revenus et les dépenses du gouvernement; mais, plus fréquemment, il consiste à limiter l'écart entre les deux. De plus, deux soucis fondamentaux doivent guider son action: la sauvegarde des deniers publics et le respect des décisions des autorités législatives (Parlement, Conseil des ministres). Le Conseil du trésor est un comité du

Conseil exécutif qui a la charge de la gestion financière et administrative courante du gouvernement. Il est formé de cinq ministres, nommés par le Conseil des ministres, auxquels on soumet les grandes questions d'ordre financier.

Le Conseil du trésor a trois fonctions principales:

1. Il se substitue au Conseil des ministres pour l'approbation des plans d'organisation des ministères et autres organismes publics, des effectifs requis pour leur gestion et des conditions de travail de leurs employés.

2. Il contrôle et prépare le budget, c'est-à-dire qu'il analyse les répercussions financières des plans et des programmes des ministères et des organismes publics, prépare chaque année les prévisions budgétaires et contrôle les engagements financiers.

3. Il peut également adopter des règlements indiquant les méthodes que les ministères et les organismes publics doivent employer pour percevoir et administrer les fonds publics.

Au Québec, comme ailleurs au Canada, le Conseil du trésor est assisté d'un secrétariat comprenant des analystes spécialisés qui examinent les dépenses faites par les ministères. Petit à petit, cette fonction l'a amené à s'intéresser au contenu des programmes et à leur évaluation.

Le Contrôleur des finances, qui est un fonctionnaire du ministère des Finances, tient la comptabilité officielle de l'État. Quant au Vérificateur général, il s'assure qu'il y a conformité entre les dépenses des ministères et des organismes publics et les crédits autorisés par l'Assemblée nationale.

L'évaluation des programmes

L'évaluation des programmes peut être considérée comme la suite logique des tentatives de rationalisation des choix budgétaires. Il s'agit, en effet, d'améliorer les prestations de services à la population grâce à une révision des modalités administratives de leur mise en œuvre. Un tel exercice vise donc à évaluer les conséquences des interventions étatiques. Cette évaluation porte non seulement sur le coût des programmes mais sur leur finalité (dans quelle mesure les résultats obtenus sont-ils compatibles avec les résultats anticipés?), sur leurs impacts prévus et imprévus (à court et à long terme), sur leur pertinence, leur efficacité et leur efficience. Le gouvernement canadien évalue également le rendement des programmes pour atteindre les objectifs fixés (un programme donné utilise-t-il les instruments les plus appropriés, les plus efficients et les plus rentables?) L'évaluation peut également inclure une exploration des moyens de rechange disponibles et potentiellement plus intéressants pour atteindre les mêmes buts. Bref, la nécessité d'évaluer les programmes ne fait donc plus de doute.

Diverses raisons peuvent expliquer pourquoi les programmes qui découlent des politiques gouvernementales ne répondent pas forcément adéquatement aux problèmes à résoudre. Il se peut qu'au départ le problème ait été mal identifié et que la solution retenue ne soit pas la plus appropriée. Il se peut aussi que les ressources consacrées soient insuffisantes ou que d'autres programmes viennent contrecarrer les effets d'un programme particulier.

Toutefois, l'évaluation des programmes se heurte fréquemment à la difficulté de distinguer l'effet d'un programme particulier de celui des autres programmes mis en œuvre. L'évaluation des programmes par l'administration publique porte donc essentiellement sur des questions techniques et privilégie l'aspect coûts-bénéfices tandis que l'évaluation des aspects politiques d'un programme est laissée à l'appréciation des ministres et de leur personnel politique.

Il peut arriver, à l'occasion, qu'un programme soit interrompu par suite d'une évaluation négative, mais cela se produit rarement. Il est beaucoup plus fréquent qu'un programme soit transformé ou fondu avec d'autres programmes.

Les missions confiées aux administrations publiques sont multiples. Les processus à suivre pour remplir ces missions sont aussi complexes que ces fonctions sont nombreuses. La façon dont se déroulent ces processus a un effet indiscutable sur le contenu des politiques gouvernementales. Des contraintes budgétaires nouvelles ou une évaluation négative peuvent nuire à la survie d'un programme malgré tous les efforts fournis lors de la formulation ou de la mise en œuvre.

Les administrations publiques doivent remplir de multiples fonctions que le système politique leur a confiées. Les différents gouvernements et leurs administrations publiques se partagent la mise en œuvre de ces missions. La tâche première de l'administration publique est de mettre en œuvre les décisions prises par les instances politiques. Dans les gouvernements modernes, l'administration publique aide également les élus à formuler les politiques publiques destinées à résoudre les problèmes sociaux. Ces politiques doivent être évaluées afin d'être améliorées, particulièrement dans un contexte budgétaire qui impose des contrôles serrés et des arbitrages difficiles.

CHAPITRE TROIS

Le personnel des administrations publiques: les fonctionnaires

L'accomplissement des nombreuses missions administratives exige l'observation de règles et le respect de procédures. En outre, elle implique la succession d'une série d'étapes donnant lieu à la mise en œuvre d'une politique publique ou encore à son évaluation. Mais toutes ces activités ne pourraient être menées à bien sans le travail de milliers d'hommes et de femmes qui incarnent le côté humain des administrations publiques.

Une série de règles et de procédures régissent l'exécution des tâches de ceux que l'on appelle les fonctionnaires et qui sont différents, à certains égards, des autres travailleurs du secteur privé (cadre juridique, régime syndical, organisation du travail, etc.). Leur devoir est de servir le public à travers une série de décisions qui échappent la plupart du temps à la logique marchande.

Comment devient-on fonctionnaire?

Les personnes travaillant dans les administrations publiques s'acquittent des fonctions essentielles à leur bon fonctionnement. En effet, sans leur participation et leur compétence, les administrations publiques seraient inopérantes. Ces fonctionnaires, comme on les appelle, malgré les reproches dont ils sont parfois l'objet sont des acteurs essentiels à la bonne marche du gouvernement et de l'administration. On comprendra donc aisément qu'ils soient assujettis à un cadre juridique particulier et que les contrôles qui s'exercent sur eux soient souvent très différents de ceux en vigueur dans le secteur privé.

Le mérite

Dans la plupart des administrations publiques modernes, dont celles du Canada et du Québec, on recrute les fonctionnaires sur le principe du mérite, dont l'application stricte permet d'éviter le favoritisme dans l'attribution des postes et d'assurer la sélection des candidats les plus compétents pour une charge donnée. Dans la pratique administrative, on a traduit le principe du mérite dans un ensemble de règlements, de directives, de politiques et de méthodes ayant trait à l'emploi, au perfectionnement et à la promotion, généralement appelé le système du mérite *(merit system)*, par opposition au système qui repose sur le favoritisme ou les privilèges *(spoils system)*.

En vertu d'un tel système, les personnes les plus méritantes se verront octroyer les postes publics. L'importance accordée aux critères tels que l'éducation, l'expérience, le potentiel du candidat variera, bien sûr, selon le type d'emploi à combler et les fonctions à exécuter. Cela permet d'évaluer et de classer chaque postulant à une charge publique selon un ordre de mérite. Un tel processus limite, du moins en théorie, les choix partisans et atténue le poids discrétionnaire des gestionnaires.

Les spécialistes en administration publique reconnaissent généralement que le système du mérite a permis de professionnaliser une fonction publique qui, dans un passé encore récent, demeurait le domaine des politiciens (pour le Canada, voir Hodgetts *et al.*, 1975; pour le Québec voir Gow, 1986). Au Québec, par exemple, une véritable professionnalisation de la fonction publique n'a été possible qu'à l'occasion de la modernisation de l'État québécois, au début des années 60. Bien qu'au Canada le système du mérite ait été implanté beaucoup plus tôt, (à partir de 1908, pour le personnel de la capitale nationale), on peut légitimement penser que s'est perpétué, pendant plusieurs années, un mode de sélection et d'embauche des fonctionnaires reposant plutôt sur la discrétion gouvernementale. Malgré cela, il s'est constitué, au fil des ans, à Québec et à Ottawa, une administration compétente et spécialisée.

Si le système du mérite a ses adeptes, il a aussi ses détracteurs. Ces derniers lui reprochent de valoriser les qualités individuelles et d'exclure des charges publiques les personnes qui ne partagent pas toujours les valeurs de la majorité; ou encore de défavoriser les groupes qui ont des caractéristiques culturelles et raciales différentes. Si l'on examine les administrations publiques, on constate que ces reproches sont mérités. On constate également que ce système n'est pas à l'abri d'une nouvelle forme de favoritisme, de type méritocratique, parce qu'il a tendance à récompenser la performance et à privilégier, dans les processus d'embauche et de promotion, les personnes les plus scolarisées.

Sans prendre position pour l'une ou l'autre de ces thèses, il faut néanmoins reconnaître que les détenteurs des postes publics ont été, jusqu'à tout récemment encore aux États-Unis, des hommes blancs protestants. Au Canada, ce sont plutôt les anglophones masculins, tandis qu'au Québec, ce sont surtout les catholiques blancs qui ont profité de ce système.

La législation

Un cadre législatif et réglementaire régit le système du mérite; des institutions spécifiques en assurent le respect.

Au Canada: au niveau fédéral, les fonction-naires sont assujettis à la *Loi sur l'emploi dans la fonction publique*, adoptée en 1967; en vertu de cette loi, ils ne sont pas soumis aux dispositions du Code canadien du travail. La Commission de la fonction publique, organisme créé par la loi de 1967, a la responsabilité de surveiller l'application de la règle du mérite. Non défini par voie législative, le mérite est déterminé par la Commission qui fixe par règle-ments les directives et les politiques concernant l'embauche, les nominations, les promotions, le perfectionnement. La CFP exerce un pouvoir central même si, au cours des dernières années, le gouverne-ment canadien a adopté diverses mesures destinées à accroître le rôle des ministères, notamment en matière de nomination des personnels. La CFP est également un organisme de formation et de perfec-tionnement: elle organise périodiquement des cours et des sessions de formation à l'intention des ministères. Enfin, la CFP a le mandat de recevoir les appels des fonctionnaires qui s'estiment lésés dans leurs droits. En vertu de la loi de 1967, elle est habi-litée à constituer des comités d'appel qui entendent les plaintes formulées par les employés sur toutes les questions liées à la nomination, la rétrogradation ou le renvoi pour motifs d'incompétence ou d'incapacité.

Mais, au fil des ans, la dimension contradictoire des attributions de la Commission n'a pas manqué de susciter de nombreuses critiques. Gardienne du principe du mérite, la Commission détient également des pouvoirs de gestion qu'elle exerce au moment des appels; en vertu de la loi, elle est en effet appelée à statuer sur les politiques qu'elle a elle-même élaborées. Ses jugements sont exécutoires et sans appel. C'est pourquoi, et non sans raison, des employés mettent en doute son objectivité en insistant notamment sur son incapacité grandissante à défendre à la fois les intérêts des gestionnaires et ceux des employés.

Toutes ces critiques ont, par ailleurs, nourri le ressentiment de certains groupes qui, au cours des dernières années, ont dénoncé le régime d'attribution des postes: les gestionnaires l'estiment lent et inefficace; les agents négociateurs des conventions collectives le tiennent pour inéquitable et mal orienté; de nombreux employés soutiennent, pour leur part, qu'il ne peut assurer l'évaluation juste et objective de leurs qualifications. Certains groupes, tels les femmes et les membres issus de minorités visibles, critiquent le système actuel de dotation et lui reprochent son incapacité à les traiter avec équité (sur la question des femmes, voir Simard, 1983). Tous ces reproches sont faits avec de plus en plus de virulence; le contexte économique difficile des dernières années a accru les dénonciations à l'endroit d'une fonction publique tenue de réduire ses effectifs sous la barre de ce qu'ils étaient à la fin des années 70 (selon les données des *Rapports annuels* de la CFP, les fonctionnaires fédéraux étaient au nombre de 268 139 en 1980; en 1991 on en compte 217 865).

Au Québec: au niveau provincial, la *Loi de la fonction publique*, sanctionnée le 6 août 1965, permet l'implantation du système du mérite pour les fonctionnaires du gouvernement du Québec. En effet, en vertu de cette nouvelle législation, la Commission de la fonction publique a désormais la responsabilité d'organiser la tenue d'examens et de concours, de voir à la constitution des listes d'admissibilité et de vérifier les qualifications des candidats au cours des procédures d'admission, de mutation et de promotion. Grâce à cette loi, une fonction publique nettement plus indépendante du pouvoir politique se constitue peu à peu. Au cours des années qui suivirent, un énorme travail de classification des employés a été entrepris; entre-temps, l'organisation des concours publics s'est généralisée.

Mais, contrairement à ce qui s'est passé au niveau canadien, la *Loi de la fonction publique* du Québec a été modifiée de manière substantielle au cours des vingt dernières années, notamment en 1978 et en 1983. En 1978, l'adoption du projet de loi 50 permet le renforcement des pouvoirs du ministère de la Fonction publique (créé en 1969) sur les politiques générales des ressources humaines; en outre, la loi institue un nouvel organisme, l'Office de recrutement et de sélection du personnel (appelé Office des ressources humaines à partir de 1983) qui hérite des responsabilités de la Commission en matière de recrutement et de sélection des candidats. Enfin, la loi réaffirme le principe de la sélection au mérite en instituant l'obligation de nommer et de promouvoir les candidats qui arrivent en tête de liste.

Quant à la réforme de 1983, achevée par l'adoption du projet de loi 51, elle modifie encore une fois les structures et précise les droits et les devoirs des fonctionnaires. James Iain Gow (1984) résume ainsi les principaux changements législatifs: «D'abord, pour la première fois, la loi débute par une déclaration d'objectifs et de principes pour la gestion de la fonction publique. Ensuite, elle réaménage les structures par l'abolition, notamment, du ministère de la Fonction publique. Troisièmement, elle amende la notion de la sélection au mérite par l'introduction de la notion de niveaux», assurant ainsi la sélection au choix parmi les personnes d'un même niveau de classement. «Quatrièmement, elle crée un nouveau corps d'administrateurs d'État. Enfin, elle change les règles d'éthique et de discipline sur les plans professionnel et politique», en clarifiant notamment les droits politiques des fonctionnaires ainsi que les obligations de leurs charges.

Ces nombreuses réformes de la fonction publique québécoise n'ont pas mis cette dernière à l'abri des critiques et des dénonciations. Si, actuellement, dans à peu près tous les milieux, on s'accorde pour dénoncer les coupes budgétaires et la réduction des services gouvernementaux, les solutions envisagées pour accroître l'efficacité des services publics sont, quant à elles, loin de faire l'unanimité. Tandis que les fonctionnaires demandent la fin des mises en disponibilité et l'augmentation des effectifs réguliers (en 1991, il y avait autour de 53 000 employés réguliers, un nombre semblable à celui des années 1970), les citoyens, quant à eux, sont inquiets de la détérioration des services et du montant de la facture qui ne cesse d'augmenter. Tous s'entendent néanmoins à reconnaître que, pour les fonctionnaires, le temps des vaches grasses est bel et bien terminé. Dans un tel contexte, les fonctionnaires redécouvrent l'importance de la syndicalisation qu'ils perçoivent comme un outil de défense contre l'arbitraire gouvernemental.

La syndicalisation

Au Québec et au Canada, les fonctionnaires sont syndiqués; ils ont le droit de recourir à la grève lors du renouvellement de leur contrat de travail. Depuis son attribution (au Canada en 1967, au Québec en 1965), la grève n'a pas toujours été un recours ultime pour les fonctionnaires qui ont eu tendance, parfois, à y recourir de manière abusive. En revanche, la syndicalisation des fonctionnaires a donné une impulsion nouvelle à la fonction publique et a accru, entre autres, la protection des employés contre la partisanerie et le favoritisme. Elle a permis également l'uniformisation et la modernisation du système de rémunération et l'ajustement des salaires et des avantages sociaux des employés de l'État à ceux des employés des entreprises privées. Ce faisant, il s'est produit une réduction des écarts de salaires entre les diverses catégories de fonctionnaires et à l'intérieur des catégories elles-mêmes; les différences entre les secteurs public et privé ont également été amoindries. Enfin, la syndicalisation a facilité l'obtention de la sécurité d'emploi pour la plupart des fonctionnaires et donné lieu à la création de lieux de travail adéquats et sûrs.

Au Canada: au niveau fédéral, la *Loi sur les relations de travail dans la fonction publique* de 1967 a instauré un régime de négociations collectives dans la fonction publique et a mis sur pied les mécanismes nécessaires au règlement des différends et des griefs. Une autre loi, également adoptée en 1967, la *Loi sur l'administration financière*, a fait du Conseil du trésor le véritable patron des fonctionnaires, en même temps que l'administrateur général de la fonction publique. Ce dernier est alors devenu le responsable de la classification, de la détermination des salaires et de l'ensemble des conditions générales de travail. La *Loi sur les relations de travail dans la fonction publique* de 1967 protège tous les fonctionnaires fédéraux, à l'exception du personnel des sociétés d'État, structures décentralisées habituellement créées par suite d'un décret du Conseil et assujetties à la Loi de l'administration financière (CN, Banque du Canada, Société Radio-Canada, notamment). Deux options sont désormais offertes aux fonctionnaires: la conciliation, qui peut mener à la grève, ou l'arbitrage obligatoire. Quant à la négociation collective, elle est limitée aux questions salariales, aux horaires de travail et aux vacances.

Dans la fonction publique fédérale, il n'y a pas de négociation centrale. Les unités de négociation correspondent aux groupes professionnels, tel que le prévoit l'article 26 de la *Loi sur les relations de travail*. Les fonctionnaires sont regroupés dans différents syndicats, notamment l'Institut professionnel de la fonction publique du Canada, l'Association canadienne du contrôle du trafic aérien, le Syndicat canadien de la fonction publique, le Syndicat des postiers du Canada. Toutefois, le plus important d'entre eux reste l'Alliance de la fonction publique du Canada, qui représente près de 50 pour 100 de tous les fonctionnaires assujettis à la loi de 1967 (la majorité se trouve dans les catégories Administration et service extérieur et Soutien administratif). L'Alliance est affiliée au Congrès du travail du Canada depuis 1967. Jusqu'à tout récemment, l'Alliance était considérée comme un syndicat conservateur qui se contentait d'accepter les offres gouvernementales. En effet, dans l'histoire de ce syndicat, on ne trouve pas d'arrêts de travail répétés, encore moins d'affrontements sérieux avec le gouvernement sous prétexte de s'opposer aux changements technologiques, comme ce fut le cas pour les facteurs et les postiers (regroupés, depuis peu, dans le Syndicat des postiers du Canada), ou encore pour obtenir de substantielles augmentations salariales. Mais le conflit de l'automne 1991 a changé cette image car, pour la première fois de son histoire, ce syndicat a organisé une grève générale et illimitée afin d'obtenir des augmentations salariales supérieures aux propositions gouvernementales (0 pour 100 pour la première année, 3 pour 100 pour les deux années suivantes). Il a fallu une loi spéciale du Parlement canadien pour que les fonctionnaires en grève retournent au travail. Seul l'avenir nous dira s'il s'agit là d'une exception à une politique générale d'entente avec le gouvernement.

Au Québec: Dans la province, certaines dispositions du projet de loi 55 (adopté en 1965), prévoyaient la reconnaissance syndicale pour les associations de fonctionnaires, le droit à la négociation et celui de faire grève pour la plupart des fonctionnaires. Les modifications législatives subséquentes, celles de 1978 et 1983 notamment, ont reconduit le régime en vigueur, tout en le décrivant de manière plus précise; en outre, le Conseil du trésor s'est vu octroyer des prérogatives nouvelles en matière de négociation, de signature, de mise en application et d'interprétation des conventions collectives des fonctionnaires. Depuis la loi de 1983, le maître incontesté de la fonction publique est le Conseil du trésor.

Tout comme au fédéral, les fonctionnaires québécois sont représentés par divers syndicats. Le plus important d'entre eux, sur le plan du nombre, est le Syndicat des fonctionnaires provinciaux du Québec avec ses 45 000 membres. L'autre syndicat, qui regroupe le plus grand nombre d'adhérents, est le Syndicat des professionnelles et professionnels du gouvernement du Québec. Ces deux syndicats sont indépendants.

Au cours des années 70, plusieurs syndicats des secteurs public et parapublic se sont constitués en front commun pour négocier avec le gouvernement du Québec, créant alors une force de frappe de près de 300 000 personnes. C'était l'époque des grèves en cascade, avec tout ce qu'elles entraînent généralement: manifestations, contre-manifestations, mauvaise humeur des usagers et des bénéficiaires, mobilisation politique, surenchère verbale, emprisonnement des chefs syndicaux, appels à la désobéissance civile, appels à voter contre le gouvernement lors des élections, etc. Pour les fonctionnaires, cet âge d'or des syndicats s'est traduit par une amélioration sensible de leurs conditions de travail et l'indexation de leurs salaires au coût de la vie. En outre, les bas salariés ont bénéficié d'une diminution des écarts salariaux avec les hauts salariés, tandis que les femmes ont obtenu un congé de maternité payé de dix-sept semaines.

Depuis la fin des années 60, les femmes étaient de plus en plus nombreuses à travailler dans le secteur public et il devenait de plus en plus évident qu'elles vivaient, à l'instar des femmes du secteur privé, les effets négatifs de la ségrégation professionnelle et occupationnelle (voir notamment Simard, 1983 et Lowe, 1987). C'est dans ce contexte, et pour résoudre les difficultés engendrées par une organisation du travail défavorable aux femmes ainsi qu'à d'autres goupes minoritaires tels les autochtones, les personnes handicapées, les membres des groupes de minorités visibles, que le problème de l'accès à l'égalité a fait surface. Étant donné la place grandissante des femmes sur le marché du travail, examinons donc les enjeux et la pertinence des mesures adoptées pour l'accès à l'égalité, mesures censées garantir aux femmes un meilleur avenir professionnel.

L'accès à l'égalité

Ce n'est pas un hasard si, au cours des vingt dernières années, la fonction publique a été le théâtre d'affrontements importants dont l'enjeu était de mettre un terme à la discrimination sexuelle. Car, selon les chiffres disponibles dans les rapports annuels sur les effectifs réguliers de la fonction publique, les femmes constituent une proportion de plus en plus importante des fonctionnaires (pour l'année 1991, 41,3 pour 100 au provincial, 45,3 pour 100 au fédéral), et on les retrouve dans toutes les catégories d'emplois et à tous les niveaux hiérarchiques. Pourtant, malgré l'existence d'un milieu régi par des règles de droit particulières garantissant formellement l'égalité des hommes et des femmes, ces dernières sont encore bien en retrait.

Certes, des progrès ont été réalisés au cours des dernières années et, plus que jamais auparavant, l'éventail des postes et des responsabilités accessibles aux femmes ne cesse d'augmenter. Pourtant, de nombreux problèmes demeurent, dont le plus épineux est le maintien d'une structure d'emploi dualiste, c'est-à-dire l'existence d'emplois réservés aux femmes et d'autres aux hommes. Cette division sexuelle apparaît également dans la répartition des hommes et des femmes dans les ministères et au sein de la structure hiérarchique.

En fait, les femmes obtiennent des promotions d'autant plus facilement qu'elles demeurent attachées aux groupes de soutien (dactylo, commis, etc.) des décideurs, groupes fortement féminisés. Les différences salariales observables entre les hommes et les femmes découlent de cette situation, qui se complique encore davantage par le fait que les tâches accomplies par les femmes, dans les secteurs d'emploi qui leur sont réservés sont souvent sous-évaluées (sur la question de l'accès à l'égalité, voir notamment

Piché et Simard, 1989, et Legault, 1991). C'est en tout cas une des conclusions du Tribunal canadien des droits de la personne qui constate qu'en 1992 et pour nombre de fonctions dites équivalentes (c'est-à-dire qui reçoivent le même nombre de points selon la classification de la fonction publique), les femmes accusent un manque à gagner de 240 millions de dollars dans la fonction publique fédérale. Cette somme, compte tenu de l'existence depuis le milieu des années 70 de programmes destinés à corriger la situation des femmes fonctionnaires victimes de discrimination (couramment appelés programmes d'accès à l'égalité ou encore PAE), compte tenu également de l'interdiction de toute forme de discrimination sexuelle, en vertu de la Charte canadienne des droits et libertés, cette somme disons-nous, ne manque pas de surprendre.

Au Québec, la question de l'accès à l'égalité pour les femmes, dans le secteur public, a été poussée plus loin, puisqu'en 1981, une loi assigne la responsabilité de la promotion de l'accès à l'égalité au ministre de la Fonction publique. Lors des changements législatifs de 1983, on précise l'application des programmes d'accès à l'égalité pour les femmes et on introduit la sélection au choix, parmi les personnes de compétences équivalentes.

Malgré tous ces efforts et en dépit des succès obtenus par les femmes devant les tribunaux (cf. Piché et Simard, 1989), on ne peut que constater la timidité des progrès réalisés, si l'on se réfère aux différences de statut et de traitement révélées par les groupes de femmes et les syndicats (voir les données annuelles du Conseil du Trésor à Ottawa et à Québec). C'est pourquoi il est urgent d'évaluer la portée des mesures égalitaristes pour régler le problème de la discrimination sexuelle, dans le secteur public, où les coupes budgétaires imposent des réductions de personnel, le gel des salaires et des économies dans le domaine pourtant prioritaire de la formation.

Certes, les mesures égalitaristes en matière d'emploi ont accéléré la sensibilisation des employeurs, et du public en général, à l'égard des injustices commises envers les femmes au travail. Par conséquent, il ne fait aucun doute que certaines femmes (surtout au niveau des postes de cadres intermédiaires et supérieurs) ont obtenu des promotions plus rapidement qu'auparavant. Pourtant, l'importante question de l'équité salariale demeure entière et il faudra plus que des déclarations de politiciens soucieux de se concilier le vote des femmes pour la résoudre. C'est si, et seulement si le secteur public s'attaque sérieusement à ce problème, qu'il pourra prétendre être à la hauteur des principes qui le fondent: la neutralité, la justice, l'égalité.

D'ailleurs, ces principes sont censés garantir aux usagers du secteur public, ainsi qu'aux fonctionnaires qui y travaillent, un cadre administratif et organisationnel à l'abri des pressions exercées par les individus et les groupes. En d'autres termes, le secteur public constitue un milieu professionnel protégé contre l'arbitraire et la politisation. C'est ainsi, du moins, que les tenants de l'organisation bureaucratique le présentent.

De la bureaucratie à la technocratie

La bureaucratie

Nous l'avons vu dans le premier chapitre, l'organisation administrative du secteur public relève de contraintes qui découlent d'un ensemble de règles juridiques et réglementaires. Cet ensemble organise plus ou moins formellement la mise en application des décisions gouvernementales et précise les conditions en vertu desquelles les autorités administratives peuvent agir. Il régit l'ensemble du fonctionnement interne d'une administration, de même que les rapports que cette dernière entretient avec les citoyens. Cet assemblage complexe de prescriptions générales et particulières contribue à faire de l'administration un cadre rigide et homogène qui régit tous les actes administratifs et restreint la liberté des agents constitutifs du système administratif.

Mais pour le citoyen, la fonction publique est loin de correspondre à cette image et, selon certains, elle représente plutôt une machine toute puissante, qui se complaît dans les procédures inutiles et demandes inopportunes. Le citoyen se méfie des fonctionnaires en qui il voit des salariés privilégiés bénéficiant de la sécurité d'emploi, obtenant des augmentations salariales régulières et évoluant dans un environnement de travail sûr. Toujours selon le citoyen, les fonctionnaires détiennent un pouvoir démesuré qui ne demande qu'à s'exercer, souvent à tort. Travaillant presque toujours en situation de monopole (c'est-à-dire que pour avoir droit à un certain nombre de services ou de prestations, il faut absolument avoir recours à eux), les fonctionnaires sont souvent perçus comme nonchalants, irresponsables et inefficaces, lorsqu'on ne les qualifie pas tout simplement de parasites. Au mieux on se méfie d'eux, au pire on considère qu'ils utilisent leur pouvoir et leur influence pour sauvegarder leurs propres intérêts.

Ces jugements, plus ou moins excessifs, découlent du fait que la fonction publique regroupe un ensemble d'employés soumis à une série de contrôles internes; elle fonctionne selon une logique spécifique, poursuit des objectifs précis et utilise des procédures particulières qui découlent, entre autres, de l'application du principe du mérite. Mais la fonction publique n'est pas que cela et son organisation assure la poursuite des politiques gouvernementales grâce à la mise en œuvre des programmes qui en découlent. De surcroît, c'est par son intermédiaire que s'effectue le contrôle de la gestion des biens publics.

Pour cela il faut, selon Weber, une organisation rationnelle, c'est-à-dire, un système dans lequel les fonctions sont clairement définies, la répartition des responsabilités précisée et enfin, où il est possible pour l'individu de faire carrière (Weber, 1922). Il s'agit là, selon lui, d'un modèle supérieur, parce que standardisé, prévisible et neutre. Rien n'est laissé au hasard et tout repose sur le pouvoir des bureaux (par opposition aux organes politiques), au sein desquels se trouvent des fonctionnaires nommés (non élus) sur la base de leur mérite, organisés hiérarchiquement et dépendant d'une autorité souveraine.

De nos jours, on porte un jugement moins positif sur les organisations bureaucratiques; on s'entend pourtant à reconnaître qu'elles demeurent le moins mauvais des systèmes organisationnels (voir notamment Mintzberg, 1986). Mais les critiques des chercheurs ne manquent pas, qui ont montré, dans leurs travaux, comment les aspects routiniers et oppressifs de ce type d'organisation conduisaient souvent à des dysfonctions, donnant lieu parfois à la remise en cause de l'organisation elle-même. Le sociologue Michel Crozier a pour sa part étudié les difficultés auxquelles soient confrontées les organisations dans un monde en perpétuel changement et il a proposé diverses explications au fait que les organisations bureaucratiques soient de plus en plus remises en cause. Il a aussi montré que, contrairement à une opinion largement partagée, les organisations bureaucratiques sont constamment en train de s'adapter, voire de changer, sous la pression de demandes contradictoires (voir Crozier, 1963 et Crozier et Friedberg, 1977).

La technocratie

Si la bureaucratie signifie le pouvoir des bureaux, la technocratie renvoie pour sa part aux mérites des techniciens et à leur capacité de régler les problèmes, de plus en plus complexes, auxquels les sociétés sont confrontées. C'est Saint-Simon et l'Ecole saint-simonienne qui, au XIXe siècle, posent la primauté de l'économique sur le politique et soulignent l'importance d'une réforme de l'économie. Leur doctrine prône le «gouvernement des techniciens» et conteste le fait que le pouvoir soit concentré entre les mains des classes les moins utiles de la société (la noblesse et le clergé, notamment). Elle suggère de donner le pouvoir temporel aux industriels, c'est-à-dire aux producteurs, plutôt qu'à la classe oisive (voir Meynaud, 1964).

D'ailleurs, à regarder fonctionner les États modernes, on constate que le spécialiste est au cœur de l'ensemble du processus politico-administratif. Il est présent à toutes les étapes décisionnelles et c'est à lui qu'incombe la préparation des décisions autant que leur mise en application. Certains prétendent qu'il s'agit là d'une forme supérieure de gouvernement, puisque le «gouvernement des compétences» assure une rationalisation de la vie sociale et politique. De surcroît, ceux qui vantent les mérites de ce modèle défendent l'idée selon laquelle la technique est neutre et apolitique. Ils ajoutent que le temps des idéologies est bel et bien terminé; qu'il est temps, désormais, de laisser aux personnes qui, par expérience ou par formation, connaissent à fond un domaine ou une question spécifique, la gestion des affaires de l'État (Galbraith, 1968). Tel est, en résumé, le discours des tenants de la primauté de la technique.

Bien entendu, une telle manière de voir n'est pas partagée par ceux qui posent la primauté de la politique, puisqu'elle conduit à une sorte de glissement des compétences des autorités politiques aux autorités techniciennes, donnant ainsi lieu à une dévalorisation sans précédent des institutions parlementaires et représentatives. De surcroît, ceux qui s'opposent à la montée du pouvoir des techniciens dénoncent la mystification de la technique, cette politique qui cache son nom sous un discours rationnel et complexe. Ils allèguent la fragilité des théories sur lesquelles s'appuient les spécialistes et constatent avec plaisir que même les techniciens d'une même discipline ne s'entendent presque jamais entre eux. À ce reproche de fragilité, s'ajoute celui d'être trop près des groupes patronaux et financiers et d'être, trop souvent en accord avec eux sur de nombreuses questions. Bref, on doute de leur désintéressement et de la supériorité de leur expertise dans la défense de l'intérêt général (Ellul, 1977).

La querelle entre les tenants de la technocratie et ceux qui s'y opposent est plus ou moins virulente selon les périodes. Malgré tout, un fait demeure: celui du rôle grandissant joué par le technicien dans la gestion gouvernementale, souvent au détriment du personnel politique. Ainsi, un nombre accru de techniciens, sur la base de leurs compétences et de leur savoir, détiennent souvent plus de pouvoir qu'un ministre ou un député, pourtant élu au suffrage universel. Plus grave encore: ces spécialistes, qualifiés souvent de mandarins, jouissent d'une longévité administrative enviée par de nombreux parlementaires; si les gouvernements et les parlementaires sont défaits, les mandarins, eux, conservent généralement leur influence et leur emploi (Simard, 1979 et Morin, 1991).

Certes, l'influence des techniciens varie selon les hommes politiques et dépend des problèmes qu'un gouvernement doit résoudre. En revanche, et comme le constate Marcel Merle (1958, p. 64), il se trouve que «le sens général de l'évolution est très net: quel que soit le régime politique en vigueur, les techniciens sont appelés à jouer, face à un pouvoir politique déclinant, un rôle de plus en plus important dans la marche des affaires publiques. La tendance amorcée depuis le début du siècle ne fera sans doute que s'accentuer à mesure que les problèmes techniques domineront l'État. Tout le monde s'accorde à reconnaître qu'il y a là un péril grave pour les institutions démocratiques. La substitution de techniciens irresponsables aux représentants du peuple conduit à un régime très éloigné du paisible gouvernement d'opinion qui constituait l'idéal des hommes d'État au XIXe siècle».

CHAPITRE QUATRE

L'organisation
de l'administration publique

Les organismes centraux

L'accomplissement des nombreuses missions de l'administration publique exige la collaboration de milliers d'hommes et de femmes dont il faut coordonner, planifier et répartir les tâches en tenant compte des fonctions spécifiques dévolues aux différents organismes publics.

L'organisation de l'administration publique est de nature pyramidale. C'est-à-dire que le partage des responsabilités part du sommet, le Conseil exécutif, pour descendre ensuite les échelons de la pyramide dont les principales composantes sont les ministères. L'organigramme abrégé du gouvernement du Québec, que présente le tableau 3, indique les trois niveaux d'organisation de l'administration publique. Outre le Conseil exécutif et le ministère chargé de le seconder,

TABLEAU 3

Organigramme partiel du Gouvernement du Québec

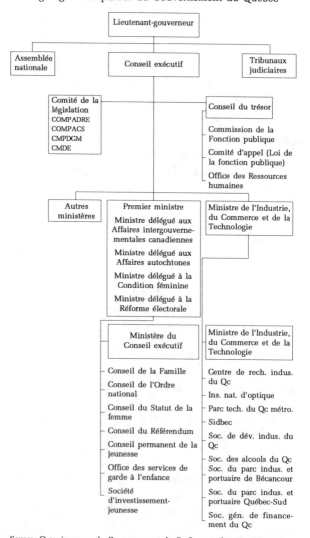

Source: Organigramme du Gouvernement du Québec, avril 1991.

nous avons choisi de montrer un ministère, celui de l'Industrie, du Commerce et de la Technologie auquel sont rattachés des organismes autonomes.

Dans le système parlementaire d'origine britannique, qui est celui en vigueur au Québec et au Canada aujourd'hui et qui remonte à 1792, année des premières élections au Bas-Canada, l'exécutif est choisi parmi les députés élus, regroupés en partis. Le chef du parti ayant obtenu le plus grand nombre de députés devient le Premier ministre et est appelé à former le gouvernement. Le Premier ministre choisit, parmi les députés, ceux et celles qui formeront le Conseil exécutif (ou cabinet), c'est-à-dire qui seront ministres du gouvernement. C'est l'exécutif qui a la responsabilité de concevoir et de préparer les projets de loi, puis de les soumettre au vote du Parlement et, enfin, de les faire appliquer.

L'application des lois, c'est-à-dire la mise en œuvre des politiques adoptées par le Parlement, ne pourrait se faire sans une organisation semblable à celle de l'administration publique. Cette dernière est constituée de trois composantes principales: le noyau central, les ministères, les organismes autonomes. Le noyau central coordonne l'activité des ministères, chargés chacun d'un secteur d'activités, et des organismes autonomes, chargés de missions spécifiques. Pour comprendre comment les lois sont appliquées, il faut aussi connaître la nature des relations que ces organismes publics doivent entretenir avec les autres paliers de gouvernement, les domaines dans lesquels les ministères interviennent et savoir comment ils organisent leurs activités.

Le Conseil exécutif, ou Conseil des ministres, (au Québec, il a pour nom légal celui de lieutenant-gouverneur en conseil) est l'organisme administratif suprême. Son rôle consiste à définir les orientations du gouvernement. En d'autres termes, c'est lui qui contrôle le processus législatif, qui fixe les grandes politiques et les stratégies et qui approuve les contrats, le montant des projets de dépenses et les ententes. Le Conseil exécutif nomme aussi les sous-ministres, les sous-ministres adjoints et associés, les dirigeants et les membres des organismes autonomes. La nomination des sous-ministres n'est pas une prérogative négligeable. Le sous-ministre occupe le poste le plus élevé au sein d'un ministère et possède la délégation totale et exclusive des pouvoirs ministériels (Borgeat *et al.*, 1982, p. 48). Pour qu'il puisse mener à bien ces diverses tâches, le Conseil exécutif est assisté de six comités ministériels permanents:

- le Comité de législation;
- le Conseil du trésor;
- le Comité ministériel permanent de l'Aménagement, du Développement régional et de l'Environnement (COMPADRE);
- le Comité ministériel permanent des Affaires culturelles et sociales (COMPACS);
- le Comité ministériel permanent du Développement du Grand Montréal (CMPDGM);
- le Comité ministériel permanent du Développement économique (CMDE).

Ces comités s'occupent de la gestion des grandes orientations gouvernementales et de la coordination des processus décisionnels. Et, alors que le Conseil du trésor veille au contrôle budgétaire, comme nous l'avons vu au chapitre deux, les autres comités jouent un rôle de conseil ou d'assistance auprès du Conseil des ministres.

Au cœur de l'appareil administratif, on trouve également le ministère du Conseil exécutif qui assiste le Premier ministre (voir le tableau 3). Ce ministère coordonne les travaux relatifs aux questions dont se saisit le Premier ministre. Il apporte, en outre, l'aide administrative nécessaire aux comités ministériels permanents, à l'exception du Conseil du trésor. Le sous-ministre de ce ministère, qui a le titre de secrétaire général et de greffier du Conseil exécutif, est le plus haut fonctionnaire de l'État.

Le gouvernement fédéral canadien fonctionne sensiblement de la même façon que le gouvernement québécois, quoique les organismes centraux y soient plus nombreux. On compte: le bureau du Conseil privé, le bureau du Premier ministre, le ministère des Finances, le Conseil du trésor et le bureau des relations fédérales-provinciales.

Le Conseil privé est l'équivalent fédéral du Conseil exécutif québécois. Son responsable, le greffier du Conseil privé et secrétaire du Cabinet, est le plus haut fonctionnaire canadien. Le Conseil privé est chargé de la planification stratégique des politiques. Il doit, pour cela, déterminer les priorités, coordonner l'activité des divers ministères, s'assurer de la cohérence des politiques émanant de ces derniers et élaborer les stratégies qui permettront que les lois soient votées par le Parlement.

Le bureau du Premier ministre s'occupe des relations avec le parti au pouvoir. Il évalue l'impact que les politiques gouvernementales auront sur l'avenir du Premier ministre. Il évalue également l'image de ce dernier dans les médias et dans l'opinion publique. En dernier lieu, il veille à ce que le Premier ministre soit réélu.

Parmi les organismes centraux canadiens, le ministère des Finances occupe une place particulière, ne serait-ce qu'en raison de son rôle historique. En effet, ce fut longtemps le seul organisme chargé de contrôler l'ensemble des politiques des divers ministères. Et l'évaluation qu'il faisait des programmes des autres ministères était fonction de leurs effets macroéconomiques. Pour que les fonctionnaires d'un ministère sectoriel puissent faire approuver un programme par le ministère des Finances, ils devaient démontrer non seulement ses répercussions macro-économiques, mais aussi sa parfaite adéquation au problème qu'il devait résoudre. Aujourd'hui, ce rôle de contrôle est exercé par le Conseil du trésor, créé en 1967. Le ministère des Finances se cantonne désormais dans son rôle de gestionnaire des politiques macro-économiques. Le Conseil du trésor est donc chargé de contrôler les dépenses et de gérer la fonction publique. Pour sa part, le bureau des relations fédérales-provinciales, créé en 1974, s'occupe de la question constitutionnelle. Il s'occupe aussi d'évaluer l'impact de la planification stratégique et des politiques fédérales sur les gouvernements provinciaux et essaye de prédire leurs réactions.

Toutefois, une administration centrale ne peut exercer son pouvoir de décision sur tous les enjeux qui sont portés à l'attention d'un gouvernement moderne. Elle doit décentraliser, c'est-à-dire accorder aux organismes non centraux le pouvoir de prendre des décisions soit dans un domaine particulier, soit en fonction d'un critère géographique. Il s'agit, dans le premier cas, de décentralisation fonctionnelle, technique ou par services et, dans le second cas, de décentralisation territoriale. Les municipalités, dont il sera question plus loin, sont un exemple de décentralisation territoriale. Les organismes autonomes, dont il sera également question plus loin, sont un exemple de décentralisation fonctionnelle.

Pour comprendre comment le noyau central délègue pouvoirs et missions, c'est-à-dire comment fonctionne l'administration publique, il faut donc utiliser les notions de centralisation et de concentration. Au sens strict[1], la centralisation signifie que

1. Voir Lajoie (1968) et Gélinas (1975) pour un approfondissement de ces concepts. Cette section s'en est fortement inspirée.

le pouvoir est concentré dans les mains des ministres et que les échelons inférieurs ne font, d'une part, que transmettre, de bas en haut, les demandes de décision, puis, de haut en bas, les décisions et, d'autre part, qu'exécuter les tâches reliées aux directives reçues.

Les progrès faits en matière de communications, de systèmes d'information et de transports ont accru la capacité des gouvernements de gérer à partir de leur capitale. Mais cela n'exclut pas, pour une mise en œuvre efficace, de voir ce qui se passe sur le «terrain». Et cela est particulièrement vrai pour un gouvernement dont la juridiction s'étend sur un vaste territoire, comme c'est le cas du gouvernement canadien. La nécessité de décentraliser vient de ce besoin. Le gouvernement du Canada a, par exemple, un ministère des Pêches et Océans dont le domaine d'action se trouve à des milliers de kilomètres de la capitale.

Par la décentralisation, le gouvernement confie donc à une autre instance le pouvoir de prendre des décisions et de les appliquer, cela dans le cadre strict d'un domaine particulier ou d'un territoire donné. Ces institutions conservent cependant l'obligation de rendre compte de l'exercice de ces pouvoirs et sont, de plus, soumises à certains contrôles administratifs ou financiers de la part du gouvernement, du Parlement ou d'organismes centraux.

Cette décentralisation prend généralement deux formes: soit la création d'organismes autonomes à vocation spécifique, tels que les «offices» ou les «régies», soit le transfert de responsabilités vers les gouvernements locaux (les municipalités ou les commissions scolaires, par exemple). Ces derniers sont parfois mieux placés pour connaître les besoins des citoyens et, par conséquent, pour faire des choix permettant non seulement d'ajuster les services fournis aux réalités locales, mais aussi de retenir les moyens les moins coûteux de les fournir. On peut, par exemple, confier la gestion de leurs équipements aux commissions scolaires, ou celle des transports en commun aux municipalités.

Il existe, en fait, différentes formules de décentralisation. La décentralisation peut être politique: elle implique alors un transfert des ressources. Mais un gouvernement hésite souvent à céder des budgets dont il est responsable sans exercer, en contrepartie, un contrôle serré de leur utilisation. Il est également réticent quand il s'agit de céder à des instances locales un pouvoir de taxation correspondant aux responsabilités décentralisées. La décentralisation peut être territoriale: elle a alors pour objectif l'utilisation la plus efficace possible des ressources à l'intérieur des régions. La décentralisation territoriale implique trois éléments essentiels: le pouvoir de réglementation, l'autofinancement et l'élection des titulaires (Lajoie, 1968, p. 5), par exemple, les municipalités sont au Canada des entités décentralisées territorialement. Elles sont gouvernées par des instances politiques élues, elles rédigent leurs propres règlements et perçoivent des taxes. Elles relèvent néanmoins du gouvernement provincial.

Au sein des ministères et des organismes, cette décentralisation peut s'accompagner d'une déconcentration de l'autorité et des responsabilités. La déconcentration a pour but de confier certains pouvoirs de décision et une certaine autonomie aux responsables des unités administratives chargées d'une fonction ou d'une région particulières. Ces fonctionnaires doivent néanmoins rendre compte de leurs actions soit à leur sous-ministre, soit au dirigeant de leur organisme, selon leur position dans la ligne hiérarchique. Dans le cas de la déconcentration, comme dans celui de la décentralisation, il s'agit de rapprocher le pouvoir de décision des personnes directement responsables des services offerts aux citoyens, c'est-à-dire de ceux qui sont susceptibles de mieux identifier les besoins et les moyens d'y répondre.

La déconcentration vise à atténuer les inconvénients de la centralisation (tels que la lenteur, par exemple). Elle consiste à transférer un pouvoir de décision ministériel à un fonctionnaire en région. La déconcentration est donc une délégation d'autorité à des fonctionnaires qui continuent d'être subordonnés à l'autorité hiérarchique responsable. Et celle-ci est en mesure de réviser en tout temps les décisions de ses délégués. Les divers bureaux locaux et régionaux des ministères sont des exemples de structures déconcentrées territoriales.

Les ministères

Les ministères sont, par rapport aux organismes centraux, des organismes à vocation nationale, décentralisés fonctionnellement. Il faut distinguer, au départ, les ministères à vocation sectorielle, par exemple le ministère des Forêts, qui exécutent les tâches administratives proprement dites (production, distribution, exploitation, amélioration, etc., de biens et de services dans un domaine précis), des ministères dont la vocation horizontale (par exemple le ministère des Finances) est de fournir aux ministères à vocation sectorielle les moyens de réaliser leurs tâches. Ces ministères à vocation horizontale sont chargés de coordonner, de contrôler et de soutenir l'activité des ministères sectoriels.

Au Québec, les ministères sont créés en vertu d'une loi qui définit les pouvoirs du ministre. En 1991-1992, il y en avait vingt-quatre. En plus de sa participation au pouvoir exécutif, le ministre doit superviser et contrôler le fonctionnement de son ministère. Chaque ministère occupe un champ d'activité. Certains ministères ont compétence unique dans leur champ d'activité. Tel est le cas du ministère de l'Éducation, par exemple. D'autres ont une compétence partagée, comme le ministère de l'Industrie, du Commerce et de la Technologie et le ministère des Affaires internationales, qui s'occupent tous deux de commerce extérieur.

Les ministères sont généralement organisés de façon pyramidale, et leurs subdivisions correspondent à des structures déconcentrées fonctionnelles. Au sommet, on trouve un ministre assisté de son cabinet, qui veille aux activités de nature proprement politique, et d'un sous-ministre, qui est le plus haut fonctionnaire du ministère. Le sous-ministre peut, si la taille du ministère l'exige, être entouré de sous-ministres adjoints. Ce sous-ministre a la responsabilité de gérer le ministère et de fournir au ministre les éléments nécessaires à la préparation des lois et des règlements qui relèvent de la compétence du ministère.

De plus, les sous-ministres ont sous leur autorité les directions générales qui regroupent les diverses directions où travaillent des équipes de professionnels. Les bureaux des sous-ministres et le cabinet sont donc au cœur de la gestion politico-administrative. Il est par ailleurs fréquent que les sous-ministres s'adjoignent des professionnels qui, déchargés de toute responsabilité administrative routinière, se voient confier des dossiers spécifiques ou des tâches de coordination.

Selon Gournay (1978), dans les administrations suffisamment grandes pour avoir des services différenciés, comme c'est le cas des ministères, on trouve les trois catégories de services suivantes:

- Les services opérationnels (ou «line»), soit les unités administratives qui accomplissent, sous forme de prestations directes à la population, les tâches pour lesquelles l'administration ou le service a été créé: une bibliothèque municipale ou un bureau de poste, par exemple.

- Les services auxiliaires (ou logistiques) qui, par opposition, n'assurent pas de prestations directes à la population. Ils ont pour tâche de fournir l'aide nécessaire aux autres services, notamment aux services opérationnels. Cette aide peut consister à dispenser des renseignements ou des ressources (documentation, informatique, consultation juridique, approvisionnement), ou à accomplir à leur place certaines opérations administratives (service du personnel, services comptables et financiers).

- Les services conseils (d'état-major ou staff), enfin, qui n'ont à s'occuper ni de gestion quotidienne ni de prestations à la population. Ces services, généralement proches de la haute direction, procèdent à toutes les études et les recherches nécessaires à l'élaboration des politiques de l'administration. Pour cela, ils préparent des projets de programmes, font des consultations et effectuent des tâches de coordination entre les différents services opérationnels.

Les ministères, comme d'ailleurs l'ensemble de l'administration publique, sont organisés de manière hiérarchique. Cette hiérarchie est calquée sur la hiérarchie des objectifs à atteindre. Ainsi, les administrateurs publics les plus haut placés, les sous-ministres dans le cas des ministères, s'occupent essentiellement d'objectifs généraux et de planification stratégique, tandis que les cadres intermédiaires, tels que les directeurs par exemple, s'occupent de la réalisation des programmes qui leur incombent (voir le tableau 4).

Plusieurs ministères ont des bureaux régionaux qui leur permettent d'offrir des services de qualité relativement égale à l'ensemble des citoyens. Ces bureaux régionaux demeurent soumis à l'autorité de l'administration centrale.

Les organismes autonomes

Certaines fonctions ou certains programmes spécifiques de l'administration publique ne peuvent, pour des raisons d'ordre pratique ou d'efficacité, être assurés par les organismes centraux ou les ministères. Le cas échéant, ces fonctions ou l'exécution de ces programmes spécifiques sont confiées à des organismes relativement autonomes, comme la Régie des installations olympiques ou la Commission des biens culturels du Québec. Le Québec compte plus de 150 organismes gouvernementaux de cet ordre. Et le tableau 5 montre que la croissance du nombre de ces organismes a suivi la modernisation de l'État québécois.

Les organismes autonomes sont donc des outils administratifs permettant d'appliquer des décisions politiques particulières. Leur mission spécifique leur est confiée par le gouvernement. La création d'un organisme autonome est ainsi un geste d'une grande visibilité, qui souligne la volonté de résoudre un problème. Toutefois, la création d'organismes autonomes peut aussi être liée à une saturation de la capacité des ministères de gérer les programmes. Si l'on prend l'exemple du gouvernement québécois, on peut en effet constater, au tableau 5, que le nombre d'organismes créés a grandement augmenté pendant les années soixante-dix, pour ne diminuer que dans la seconde moitié des années quatre-vingt.

TABLEAU 4

Description générale de l'organisation d'un ministère

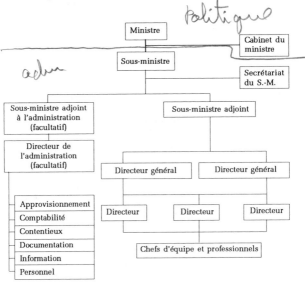

TABLEAU 5

Création d'organismes publics en fonction des
changements de gouvernement au Québec

1867-1935	5
1936-1939	1
1940-1944	4
1945-1959	8
1960-1965	12
1966-1969	22
1970-1976	32
1977-1981	32
1982-1985	32
1986-1988	5
Total	153

Calculs faits à partir de données provenant de *Québec statistique*,
1989.

Un organisme autonome est tel parce qu'il a été
jugé nécessaire que cet appareil ait une indépen-
dance plus grande que celle des directions des ministères et qu'il soit plus distant du pouvoir politique.
Le gouvernement peut également créer un tel organisme lorsqu'il estime que les opérations quoti-
diennes ne nécessitent pas un suivi constant et que
son conseil d'administration et son président suffi-
sent à en assurer la bonne marche. Un organisme
autonome est aussi plus éloigné du contrôle des
parlementaires.

Le gouvernement du Québec classe les organismes autonomes, en sept catégories. Le nom qu'ils
portent ne correspond toutefois pas toujours à la caté-
gorie à laquelle ils appartiennent. Ainsi, un organisme qui a pour fonction d'étudier, d'enquêter,

d'examiner, de faire des recherches, d'imputer, d'arbitrer, d'informer, de vérifier ou de surveiller devrait, selon le cas, être classé commission d'étude, d'enquête, de recherche, d'inspection, de vérification, de surveillance, etc. Ces commissions sont, par ailleurs, censées être temporaires.

La fonction de consultation peut être confiée à un conseil ou à un comité consultatif. Un conseil est créé par une loi qui spécifie son mandat, et ses membres ne sont généralement pas des fonctionnaires. Son rôle consiste à donner à un ministre des avis sur la politique gouvernementale dans un secteur d'activités particulier (c'est ce que fait le Conseil du statut de la femme, par exemple). Un comité consultatif (qui n'est pas créé par une loi) donne, à un ministre ou à une direction générale, des avis sur la mise en oeuvre de programmes spécifiques (c'est ce que fait, par exemple, le Comité de la santé mentale).

Un tribunal administratif remplit une fonction d'adjudication, c'est-à-dire qu'il décide, dans un domaine donné, des droits et des obligations des parties en litige (la Commission d'accès à l'information joue, par exemple, un tel rôle).

Une régie remplit une fonction de régulation qui consiste à mettre en application une loi ou un règlement déterminant les conditions d'exercice de certaines activités, dans un domaine précis (telle la Régie du logement, par exemple).

Une société administrative gère un régime d'assurance ou de retraite (telles la Régie des rentes ou la Régie de l'assurance automobile du Québec) ou des équipements (tels les musées), ou encore administre des programmes d'aide financière (tel l'Office du crédit agricole) ou des services (tel Radio-Québec).

Ces organismes jouissent, dans la majorité des cas, d'une certaine autonomie, mais ils demeurent soumis à des contrôles administratifs et financiers.

Seules les entreprises publiques (comme Hydro-Québec, par exemple), parce qu'elles parviennent à générer des revenus autonomes suffisants pour couvrir leurs frais, ou même à faire des profits, échappent aux contrôles financiers. Une entreprise publique exerce, en effet, des fonction de gestion commerciale, financière ou industrielle et a des objectifs de rentabilité et d'autofinancement. Grâce à ces capacités financières particulières, les entreprises publiques sont les organismes les plus autonomes de l'administration publique.

Selon la classification du gouvernement du Québec, celui-ci dirige 14 entreprises publiques en 1992. Au gouvernement du Canada, il y avait 56 entreprises publiques et 81 filiales avant que ne débute la privatisation en 1984 (Conseil économique du Canada, 1986).

La typologie employée par le gouvernement fédéral est légèrement différente. On y parle de sociétés ministérielles, de sociétés appartenant au gouvernement du Canada, de conseils, de commissions et d'organismes consultatifs spéciaux. Les tâches comportant des fonctions d'administration, de recherche, de surveillance, de conseil ou de réglementation sont confiées à des ministères comme celui des Communications ou le Conseil de la radiodiffusion et des télécommunications canadiennes (CRTC) ou à des sociétés ministérielles alors que les sociétés d'État, le Canadien National par exemple, opèrent dans un contexte concurrentiel ou commercial.

Les relations avec les autres administrations

Dans un système fédéral comme celui du Canada ou des États-Unis, il existe trois niveaux de gouvernement: le niveau fédéral, le niveau provincial ou fédéré et le niveau municipal ou local. Entre les gouvernements fédéral et provincial existe un partage des pouvoirs et des champs de juridiction inscrit dans les textes constitutionnels. Au Canada, toutefois, les municipalités ne partagent pas le pouvoir avec les autres gouvernements, mais dépendent des gouvernements provinciaux et ne possèdent que les pouvoirs que les provinces décident de leur accorder. Les municipalités sont des organismes décentralisés territorialement. Elles ont des revenus autonomes, sont gouvernées par des représentants élus et ont un pouvoir réglementaire qui leur est propre.

Le partage des pouvoirs, dans un système fédéral, correspond donc à une forme de décentralisation territoriale et sectorielle. La complexité des problèmes sociaux à traiter et l'expansion des États modernes a cependant entraîné de nombreux chevauchements de juridiction entre le niveau fédéral et les niveaux fédérés. Au Canada, par exemple, certains gouvernements provinciaux et le gouvernement fédéral sont conjointement actifs dans des domaines tels que la télévision, les communications ou le développement urbain. De tels chevauchements occasionnent parfois conflits et dédoublements, et la complexité des appareils administratifs ne fait qu'accroître les difficultés. Or, ces chevauchements entre les deux niveaux de gouvernements sont nombreux. Un document récent indique que 453 programmes fédéraux chevauchent des programmes provinciaux et que ces programmes représentent des dépenses de 96,2 milliards de dollars. Pour au moins la moitié des provinces, un chevauchement apparent entre les programmes fédéraux et provinciaux existe dans environ 60% des cas. Et si l'on considère les services offerts et les clients de ces programmes, l'ampleur du chevauchement varie[2].

---

2. Pour plus de détails, voir Gouvernement du Canada, Conseil du trésor, *Chevauchement et dédoublement des programmes fédéraux et provinciaux: point de vue de l'administration fédérale, deuxième édition, 12 décembre 1991.*

Chaque gouvernement provincial au Canada compte un ministère des Affaires municipales dont le rôle est de superviser les municipalités. Ce ministère peut, dans des cas extrêmes (mauvaise gestion ou graves difficultés financières), mettre une municipalité en tutelle. Outre le ministère, la majorité des provinces ont un organisme autonome qui s'occupe de certaines questions liées au monde municipal. Cet organisme s'occupe essentiellement de revoir les décisions de planification des gouvernements locaux. Ce genre de mission a été confié à des organismes autonomes en raison des répercussions politiques et économiques de ce type de décision et des polémiques qu'elles peuvent engendrer. Au Québec, ce sont la Commission municipale du Québec et la Commission nationale de l'Aménagement. D'autres ministères ont également des relations avec les municipalités. C'est le cas du ministère des Transports ou du ministère de l'Environnement, qui discutent avec elles de développement des réseaux routiers ou de traitement des eaux usées.

Les municipalités constituent la forme de gouvernement la plus proche de la population. Ce sont des structures décentralisées territoriales, comme le sont aussi les communautés urbaines et les municipalités régionales de comté, qui sont multifonctionnelles, et les commissions scolaires, qui sont unifonctionnelles. Ce sont elles qui offrent les services les plus visibles: entretien des rues, enlèvement des ordures, création et entretien des parcs de quartier, etc. Elles sont aussi, sauf en de rares exceptions, de plus petite taille que les gouvernements provinciaux et sont censées être plus au fait des demandes des citoyens. Les municipalités sont enfin regroupées en associations, ce qui leur permet de négocier collectivement avec les gouvernements.

Lorsqu'ils sont dans une situation financière difficile, les États fédérés peuvent chercher à transférer à un autre palier de gouvernement la responsabilité de certains programmes, afin de se débarrasser des coûts qui y sont liés. Ainsi, l'État québécois a transféré aux municipalités la responsabilité des transports en commun, sans que les sommes qu'il y attribuait aient suivi. Pour maintenir les services à la population, les municipalités se voient alors dans l'obligation d'aller chercher de nouveaux revenus qui peuvent inclure un ou plusieurs de ces éléments: hausse de taxes, réduction de services, compressions budgétaires affectant leurs employés.

Les administrations publiques des différents paliers de gouvernement travaillent ensemble à la mise en œuvre des politiques gouvernementales. Les notions de décentralisation et de déconcentration permettent de comprendre comment, entre les administrations publiques et au sein de celles-ci, s'articulent les relations qui permettent de satisfaire les clients des services gouvernementaux.

CHAPITRE CINQ

L'administration publique et son environnement

À bien des égards, on considère l'administration publique comme un ensemble complexe où les mécanismes de fonctionnement sont étroitement imbriqués, permettant ainsi à la machine administrative d'agir. Comme nous l'avons vu au chapitre précédent, l'organisation d'une telle machine répond à des exigences de cohérence et d'efficacité. Son organisation découle également d'un partage des pouvoirs et des responsabilités entre les diverses instances administratives. Par ailleurs, il va de soi que l'organisation administrative ne vit pas totalement en vase clos, et qu'elle est soumise aux influences et aux pressions du monde extérieur. Non seulement elle a des contacts étroits et quotidiens avec les usagers des services publics mais elle a, en outre, des échanges constants avec les différents groupes de pression qui foisonnent dans la société.

Relations avec le public en général

Assujettie à des influences diverses de la part des groupes et des citoyens, l'administration publique se doit d'offrir à tous les citoyens les mêmes services et de mettre à leur disposition des ressources équivalentes; il en va de même pour tous les fonctionnaires qui ont le devoir de fournir des services adéquats et de qualité, tant au gouvernement qu'à la population en général. Pourtant, malgré l'existence de toute une série de moyens censés rencontrer de telles exigences, l'opinion du grand public à l'endroit de l'administration est loin d'être flatteuse, comme nous l'avons vu au chapitre trois. On l'accuse généralement d'être tracassière et d'avoir un comportement de supériorité à l'égard de ceux qu'elle est tenue de satisfaire. Bref, la cote d'amour de l'administration publique est faible, bien que variable selon les publics.

Il faut dire, à la décharge de l'administration, que son rôle s'est considérablement accru, notamment depuis la fin de la Seconde Guerre mondiale, période au cours de laquelle les pays occidentaux ont mis en place et développé l'État providence. Ce faisant, les frontières administratives ont été repoussées et les mandats de l'administration alourdis, d'où l'obligation dans laquelle se trouve celle-ci d'édicter de plus en plus de règles et d'accroître le nombre de ses expertises.

Mais pour l'administration, une telle extension de ses prérogatives ne se traduit pas nécessairement par l'accroissement de ses compétences, et le public a raison d'être méfiant à son endroit. D'ailleurs, c'est en vue de contrer cette méfiance et dans le but d'accroître la protection du public contre une administration appelée à grossir sans cesse que les législateurs ont développé une série de programmes. Tous ces programmes concernent au premier chef le citoyen, l'usager, le bénéficiaire. Ils visent à favoriser la transparence administrative et à humaniser les rapports de l'administration avec les administrés.

En plus d'avoir des recours judiciaires habituellement prévus par la loi, le citoyen peut en appeler d'un acte ou d'une décision administrative auprès de différentes autorités administratives. Ce faisant, il peut en obtenir l'annulation ou encore le retrait. Il peut également avoir accès aux documents émanant de l'État. Dans ce cas, le citoyen dispose d'instruments divers.

Au Québec: trois types d'action particuliers furent privilégiés: le Protecteur du citoyen (1969), la création, en 1982, d'un ministre d'État chargé des relations avec les citoyens (notons que cette structure a été abolie lors de l'arrivée au pouvoir du Parti libéral en 1985), et la loi sur l'accès aux documents des organismes publics et sur la protection des renseignements personnels, adoptée en 1982 et administrée par la Commission d'accès à l'information. Par ces actions, l'administration poursuit ces objectifs: protéger efficacement la vie privée des citoyens contre les multiples ingérences administratives que permettent les technologies modernes; procurer une certaine forme de transparence administrative; mettre en place une politique d'information sur les différents services gouvernementaux.

Mal connus du public à leurs débuts, ces nouveaux bureaux ont contribué, petit à petit, à instituer une forme de transparence administrative. D'ailleurs, les rapports annuels de ces organismes démontrent qu'ils reçoivent de plus en plus de demandes et que leur nombre augmente régulièrement. On constate que les «simples citoyens» sont très actifs. En effet, ils sont les premiers demandeurs à la Commission d'accès à l'information (deux demandes sur trois), suivis par les entreprises, les syndicats et les journalistes. Toujours à propos des citoyens, plus de la moitié de leurs demandes concerne l'accès à leur dossier personnel ou visent une demande de rectification des renseignements personnels. L'autre moitié se rapporte à une demande d'accès à des documents administratifs. Quant aux autres utilisateurs, près de 90% de leurs demandes touchent l'accès à des dossiers administratifs (données pour les années 1986-1991).

Du côté du Protecteur du citoyen, et bien que ce service demeure encore relativement mal connu, on constate que les demandes d'intervention sont en hausse. Ainsi, de plus en plus de citoyens se sentant lésés par un acte de nature administrative y ont recours (près de 17 000 plaintes en 1986 contre 3 000 en 1970). Les principaux organismes faisant l'objet de plaintes sont les organismes payeurs, tels la CSST, la Régie de l'assurance automobile, etc.

Au Canada: Jusqu'au mois de mars 1992, deux organismes analogues, le Commissariat à l'information et le Commissariat à la protection de la vie privée s'occupaient, de manière séparée, de protéger le droit à l'accès aux documents administratifs et celui de sauvegarder les renseignements personnels. Sans doute des impératifs budgétaires ont-ils été à l'origine de la fusion de ces deux organismes qui, de toute évidence, faisaient double emploi.

L'examen des rapports annuels confirme cette impression puisque, dans la majorité des cas et ce, pour les deux bureaux, on dépose une plainte (plus de deux sur trois) par suite du refus des institutions de divulguer les renseignements demandés. Pour les cinq dernières années, ces services ont été l'objet de plaintes régulières auprès du Commissariat à l'information: Affaires extérieures, Approvisionnements et Services, Défense nationale, Emploi et Immigration, Services de renseignement et de sécurité. Quant au

Commissariat à la vie privée, les organismes les plus touchés sont le Service correctionnel, la Défense nationale, la GRC, la Société canadienne des postes, Emploi et Immigration.

Le nombre de demandes traitées par ces différents services depuis leur création, leur hausse constante, constituent un indice de leur utilité. De toute évidence, ces services procurent une forme de transparence administrative en donnant aux citoyens les moyens de contrôler l'administration. En outre, ils favorisent une mise à jour constante des administrations et de leurs agents, grâce aux échanges constants qu'ils ont avec la population.

De plus en plus donc, les administrations se voient contraintes de tenir compte de la demande sociale des citoyens, aussi bien à l'égard des types de services offerts qu'à propos de la façon dont elles s'acquittent de leurs missions. Il est certain que l'ouverture du système administratif est favorable à tous puisqu'elle accroît son accessibilité et favorise son humanisation.

Pourtant, cette emprise relative des citoyens sur les administrations reste symbolique. Bien que la plupart des citoyens y trouvent leur compte, ces gains obtenus ne remettent jamais en cause les intérêts des administrations elles-mêmes et n'ébranlent guère leur puissance. La plupart du temps, de telles politiques demeurent superficielles, car elles ne permettent pas au citoyen d'exercer une influence réelle sur l'administration, et plus spécifiquement sur les prises de décision. De surcroît, elles ont des effets pervers, puisque leur implantation vient rendre plus complexe une organisation administrative qui n'en avait certainement pas besoin.

L'illusion de la transparence administrative se mesure à l'écart plus ou moins important qui existe entre les discours des administrations sur leur ouverture et leur transparence et la réalité à laquelle est confronté quotidiennement le citoyen dans sa quête d'informations. Le secret administratif demeure bien gardé et cet état de fait n'est pas attribuable aux seuls fonctionnaires, souvent débordés et ne disposant pas toujours des ressources professionnelles adéquates. La faute en revient plutôt à l'organisation administrative elle-même qui n'a pas toujours les moyens de ses politiques, limitées qu'elles sont trop souvent à des déclarations d'intentions.

De toute évidence, une telle manière de faire «peut rapporter gros», notamment sur le plan de la résonance affective. En effet, personne ne s'oppose vraiment à l'ouverture et à la transparence, et les partis d'opposition sont généralement d'accord pour adopter des mesures allant dans ce sens, d'autant plus qu'elles ne coûtent pas très cher, puisqu'elles sont supportées par l'ensemble du système administratif. En fin de compte, elles assurent la protection du système administratif contre les demandes irrecevables des citoyens en les encadrant et en les orientant (voir Sadran, 1985).

Relations avec les groupes

Tandis que certains soutiennent que les groupes jouent un rôle fondamental dans la vie politique moderne et qu'ils exercent, de ce fait, des pressions constantes sur les décisions prises par les administrations, d'autres prétendent que leur action (exception faite des groupes économiques) est souvent peu importante, voire négligeable (Meynaud, 1965). Plutôt que de nous demander qui a tort et qui a raison, regardons plutôt les moyens utilisés par les groupes pour influencer les décisions des administrations. De cette manière, nous aurons une idée plus précise des relations qu'entretiennent les groupes avec les administrations.

Précisons d'abord que les groupes ne sont pas tous de force identique. Certains sont plus puissants que d'autres et des critères tels que le nombre de membres, le financement et ses sources, les objectifs poursuivis, la capacité d'expertise, l'importance du réseau relationnel, la structure organisationnelle et le nombre des employés permanents servent souvent d'indices pour mesurer la capacité des groupes à faire triompher leur point de vue auprès des politiciens et des hauts fonctionnaires (ex.: la CSN et la FTQ; le Conseil du patronat; les églises; les regroupements professionnels divers; le Mouvement Desjardins; etc.).

Pour atteindre leurs objectifs, les groupes usent de différents moyens. Une méthode courante utilisée pour influencer l'administration et le gouvernement consiste à effectuer des démarches auprès de personnes influentes et ce, aux divers niveaux de la pyramide politico-administrative. Ces démarches s'accompagnent généralement de la remise de documents écrits plus ou moins étoffés, dans lesquels se côtoient autant les arguments logiques de coûts et d'efficacité que les arguments politiques de mécontentement, voire de menace (voir Pross, 1986).

Rappelons que les groupes servent souvent de courroies de transmission entre le gouvernement et la société, et qu'ils sont, par conséquent, constamment sollicités par celui-là pour participer aux travaux des diverses commissions consultatives qu'il crée. Ce faisant, les groupes développent, avec l'organisation gouvernementale et administrative, des liens de plus en plus étroits. Au fil des ans, ils arrivent à connaître personnellement les personnes les plus susceptibles d'être sensibles à leurs arguments, et des similitudes de points de vue s'en dégagent fatalement. Tout cela se fait, bien sûr, au nom de l'intérêt général, au nom de la qualité des services fournis à la population.

Certains analystes vont même jusqu'à croire à l'existence d'une communauté de vues et d'intérêts entre les fonctionnaires, les politiciens et certains représentants de groupes influents. Que penser, par exemple, des subventions gouvernementales versées à la défunte société Lavalin, au groupe Malenfant, au propriétaire éphémère de Steinberg, Michel Gaucher? Que dire, par ailleurs, de la puissance que semblent avoir acquise certains groupes dans le débat constitutionnel qui fait rage actuellement au Canada? Que conclure, enfin, de la relance de la collaboration entre le gouvernement du Québec, les milieux d'affaires et les syndicats, au nom d'objectifs tout à fait louables?

Au Québec et au Canada, la mode est à la consultation. Les commissions d'enquête succèdent aux commissions parlementaires à un rythme tel qu'il devient difficile, voire impossible, de suivre l'agenda politique, tandis que les intérêts corporatistes (ceux des groupes d'affaires tout autant que ceux des groupes sociaux) apparaissent de plus en plus présents au cœur de la dynamique gouvernementale. Parallèlement, l'importance et l'influence des partis politiques, acteurs traditionnels de notre système parlementaire, semblent diminuer. Si cette impression est fondée, elle augure mal pour l'avenir de notre système démocratique, car ceux qui sont censés gouverner, les députés et les ministres, ont été délestés de leurs prérogatives. Cette perte accroît d'autant la perméabilité du gouvernement à l'endroit des revendications des groupes patronaux et syndicaux et ce, au détriment de groupes plus défavorisés comme les organismes culturels et sportifs, les organismes de consommateurs et de charité.

De toute évidence, la participation des groupes organisés à l'accomplissement des tâches de l'État n'est pas désintéressée. Ce faisant, les groupes s'efforcent de faire partager leurs points de vue au gouvernement et aux fonctionnaires et d'influencer leurs décisions, selon une optique qui leur est favorable. Mais un tel processus ne se fait pas qu'à sens unique. En effet, le gouvernement aussi en retire des dividendes car, de cette manière, il parvient à associer les groupes à ses délibérations, voire à ses décisions. Partenaires du gouvernement, les groupes en viennent donc à adhérer, en partie du moins, aux choix gouvernementaux, et en arrivent même souvent à les faire accepter à leurs membres, dont ils sont les porte-parole.

Au total, si les groupes influencent les gouvernements et les fonctionnaires, c'est toujours le gouvernement, en revanche, qui contrôle les mécanismes selon lesquels s'effectue cette participation. Et, habituellement, celui qui fixe les règles du jeu a toujours plus de possibilités de remporter la mise.

On le voit bien, l'environnement dans lequel évolue l'administration lui impose des balises et lui fixe des limites. De plus en plus, en effet, le citoyen dispose de recours qui encadrent l'action administrative. Par ailleurs, cet environnement est lui-même un facteur important de distorsion, dans la mesure où l'administration se trouve de plus en plus contrainte par les groupes divers qui prolifèrent dans la société. Pour aider l'administration à résister aux influences indues auxquelles elle est soumise, il existe une série de contrôles de types parlementaire et juridique.

Les contrôles

Les contrôles parlementaires

Du point de vue du citoyen, la complexité de la machine administrative est telle qu'il lui est difficile de concevoir qu'elle puisse être contrôlée par qui que ce soit. Pourtant, la théorie administrative nous apprend que les actes des fonctionnaires demeurent sous la responsabilité des parlementaires qui disposent, pour cela, de mécanismes divers. Les plus courants sont la période des questions à l'Assemblée nationale et à la Chambre des communes, les rapports sur les enquêtes internes portant sur des décisions prises par une administration ou encore les agissements de son personnel, le contrôle des coûts et l'évaluation des programmes, etc.

Selon le principe de la responsabilité ministérielle, chaque ministre est responsable des conduites administratives des fonctionnaires relevant de son autorité. Etant donné que l'administration est gérée dans les limites de ce principe, c'est le ministre qui sera blâmé par l'Assemblée nationale ou encore la Chambre des communes si un scandale éclate qui implique les fonctionnaires de son ministère. C'est toujours le ministre qui a la responsabilité d'informer ses collègues des actions de son ministère et la charge d'expliquer le bien-fondé des décisions que prennent les fonctionnaires placés sous sa responsabilité. Tout cela se passe habituellement à l'occasion de la période des questions qui se déroule en vertu du *Règlement de l'Assemblée nationale* ou du *Règlement de la Chambre des Communes.* Les habitués de la télédiffusion des débats parlementaires savent que l'opposition utilise souvent cette période pour mettre le gouvernement et certains ministres dans l'embarras, en exploitant ce qu'il est convenu d'appeler, dans le jargon parlementaire, les dossiers chauds.

Si les ministres sont responsables des activités de leur ministère, le Vérificateur général (il en existe un à Ottawa et un à Québec) dispose, quant à lui, d'un pouvoir de vérification assez large sur les activités de l'ensemble de l'administration gouvernementale. Le mandat du Bureau du vérificateur général porte autant sur les dépenses effectuées par les diverses instances administratives que sur les recettes perçues et leur affectation, ou encore sur l'efficacité des programmes. Il consiste, en outre, à signaler obligatoirement au Parlement, tout ce qui, de son point de vue, va à l'encontre d'une saine gestion administrative: gaspillages, inefficacité, pièces comptables manquantes, etc.

Au cours des dernières années, le Vérificateur général n'a pas épargné ses reproches à l'endroit de l'organisation gouvernementale, aussi bien à Ottawa qu'à Québec. Les exemples donnés par ses services illustrent bien la quasi-impossibilité d'en arriver à un contrôle véritable des dépenses gouvernementales. Quant à l'augmentation de l'efficacité des services et des programmes, elle est fortement souhaitée et les récents propos du Vérificateur général à Ottawa laissent croire que, dans certains ministères, des programmes continuent d'engloutir, en pure perte, des sommes colossales.

En réalité, on peut douter de l'efficacité d'une structure comme celle du Vérificateur général pour contrôler les dépenses du gouvernement et des administrations, puisqu'il s'agit d'une vérification *a posteriori*. Le mal est déjà fait lorsque le vérificateur fait son rapport. Année après année, ce dernier dévoile de nouvelles irrégularités renforçant ainsi, chez le citoyen, l'impression que le gouvernement a perdu le contrôle de son administration et de ses dépenses. Cela n'est vrai qu'en partie puisque, sans l'existence d'un tel contrôle, fût-il *a posteriori*, l'organisation administrative serait devenue, depuis longtemps déjà, totalement imprévisible.

Les contrôles juridictionnels

Véritables machines à pouvoir (cette expression est empruntée à Rocher, 1986), les administrations publiques ne sont pas, pour autant, au-dessus des lois. Bien au contraire. En effet, elles sont soumises à un régime juridique particulier, différent de celui auquel sont assujetties les entreprises du secteur privé.

Au Canada et au Québec, il existe deux mécanismes différents de contrôle des activités des administrations publiques. Le premier est le fait des tribunaux administratifs, des organismes indépendants du gouvernement et de l'administration, chargés d'entendre les appels des citoyens à travers une procédure formelle et rigoureuse (la Régie du logement et la Commission de la santé et de la sécurité du travail du Québec sont des exemples québécois; la Commission d'appel des pensions, la Commission nationale des libérations conditionnelles et la Commission de l'immigration et du statut de réfugié sont des exemples canadiens). Ces structures spécialisées sont censées allier une bonne connaissance technique et juridique à une connaissance administrative. De plus, elles ont des coûts d'opération moindres que ceux des tribunaux ordinaires et sont généralement en mesure de prononcer leurs jugements dans des délais plus courts.

Dans notre régime juridique d'inspiration britannique, la fonction des tribunaux administratifs consiste à contrôler les activités administratives. Ainsi, tout citoyen s'estimant lésé par une décision administrative le concernant, que ce soit par exemple en matière d'impôt, de citoyenneté ou encore de santé et de sécurité, dispose habituellement de recours devant les tribunaux administratifs institués en vertu d'une loi du Parlement ou de l'Assemblée nationale.

Notons que le nombre des tribunaux administratifs a augmenté considérablement au cours des vingt dernières années. Le modèle administratif adopté est celui de la décentralisation fonctionnelle dont nous avons parlé au chapitre quatre. Mais tous ne souscrivent pas à une telle manière de faire. Ainsi, des critiques n'hésitent pas à dénoncer l'absence d'unité d'un tel système et à mettre en doute sa cohérence et son efficacité. Certains vont même jusqu'à parler d'une forme de démembrement du système juridictionnel, contraire à la sauvegarde des intérêts du citoyen. En effet, n'est-il pas illusoire de croire que ce dernier est en mesure de connaître l'étendue de tous les recours dont il dispose contre l'administration? Ou encore, comment garantir qu'il saura utiliser adéquatement les mécanismes qui en découlent? Enfin, comment faire pour que les jugements que rendent les tribunaux administratifs soient exécutés le plus rapidement possible? À ce jour, personne n'a répondu de manière satisfaisante à de telles questions.

En dépit de la pertinence de ces critiques, l'existence des tribunaux administratifs n'est nullement remise en cause, bien au contraire. D'où la recommandation donnée à un Groupe de travail sur les tribunaux administratifs au Québec de reconnaître officiellement «l'existence d'une justice... administrative,» parallèle «à la justice civile et à la justice pénale», pour tout ce qui concerne les rapports des administrations publiques et des administrés (*Rapport du Groupe de travail sur les tribunaux administratifs,* Québec, 1971).

Nous en avons fini avec le mécanisme premier de contrôle des administrations. Quant au second, il relève de la compétence des tribunaux ordinaires. Ces derniers n'interviennent qu'à la suite d'une plainte déposée par un citoyen à l'endroit d'une administration soit en vertu de la Constitution, soit en vertu des lois existantes. Au Québec, la Cour supérieure détient ce pouvoir; en plus, selon des dispositions de certaines autres lois, des appels sont possibles à la Cour du Québec. Les décisions de la Cour supérieure peuvent être contestées auprès de la Cour d'appel du Québec (il s'agit d'un tribunal de deuxième instance) de même qu'à la Cour suprême du Canada. Il existe certaines exceptions à cette règle, notamment dans les domaines du droit municipal et du droit scolaire. En effet, c'est à la Cour du Québec (Chambre civile) que l'Assemblée nationale a confié la responsabilité du contrôle judiciaire de ces niveaux de juridiction. Il est entendu que la Cour supérieure a le pouvoir de renverser les décisions de la Cour du Québec.

Au niveau fédéral, c'est la Cour fédérale du Canada qui garantit l'exercice du contrôle judiciaire des activités de l'administration. Toutefois, c'est la Cour suprême du Canada qui a le dernier mot en la matière, après avoir entendu les appels relatifs aux décisions prises par la Cour fédérale.

Avant de terminer cette section, il importe de rappeler que, de manière générale, les décisions des autorités administratives sont assujetties à une série de règles de droit. La plus importante est, bien sûr, la *Loi constitutionnelle de 1982*, dans laquelle est enchâssée la *Charte canadienne des droits et libertés*. Il en découle, pour les autorités politiques et administratives, l'obligation de respecter le partage des compétences inscrit dans la constitution du Canada, sous peine d'encourir des contestations. Bien plus, une annulation de leurs décisions est toujours possible parce que déclarées inconstitutionnelles, c'est-à-dire contraires à la loi fondamentale du pays. De surcroît, depuis l'enchâssement de la *Charte canadienne des droits et libertés* dans la constitution canadienne, les citoyens ordinaires peuvent contester les décisions des autorités politiques et administratives des provinces et du gouvernement central, au nom de la protection de leurs droits individuels.

On le devine aisément, ce nouveau pouvoir conféré aux juges et aux tribunaux réduit d'autant la marge de manœuvre des administrations qui doivent composer, dorénavant, avec une nouvelle donne juridique. Ce faisant, leur champ d'action s'en trouve encore plus limité, sans que l'usager des services publics en retire des contreparties réelles. L'exercice du droit de regard de ce dernier sur les décisions administratives n'est nullement facilité, tandis qu'il est difficle de croire que ces dernières contraintes amélioreront la qualité des services offerts aux citoyens.

CHAPITRE SIX

L'avenir de l'administration publique

Désormais, nous savons ce qu'est l'administration et ce qu'elle fait, et nous avons également une idée plus précise des tâches dont s'acquittent les fonctionnaires. De plus, nous connaissons une partie des instruments dont s'est doté l'État pour réduire la marge de manœuvre de l'administration et s'assurer de son contrôle. Énorme machine à pouvoir, l'administration publique ressemble, à bien des égards, à un système complexe où s'échangent et se transmettent des informations. Vu de l'extérieur, on a l'impression qu'il s'agit d'un système figé et inamovible, obéissant à des règles précises et fonctionnant selon des procédures spécifiques. Mais l'administration n'est pas uniquement cette réalité froide et mécanique qui abhorre tout changement. En effet, l'administration est aussi une entité vivante qui s'adapte sans cesse à toutes les situations, afin de composer avec les forces contradictoires qui s'affrontent dans la société.

Cette double image de l'administration nous permet de comprendre l'importance qu'accordent à la réforme des administrations publiques aussi bien les gens de la rue que les fonctionnaires et les politiciens. Car peu de sujets sont plus discutés actuellement que celui de la réduction de la taille de l'État, dont l'une des conséquences prévisibles serait de diminuer l'influence du secteur public. En cette fin de siècle, la réforme de l'administration publique est inscrite à l'ordre du jour: maintenir le statu quo n'est plus possible. En effet, depuis plusieurs années déjà, on a sonné l'alarme à propos de l'endettement problématique des gouvernements qui doivent faire face à des charges sociales extrêmement lourdes; de leur côté, les contribuables adoptent ouvertement des stratégies d'évitement destinées à contrer les effets, sur leur niveau de vie, de l'augmentation des charges fiscales (augmentation du travail au noir, achats aux États-Unis, trafic de cigarettes, etc.). À cela s'ajoutent les bouleversements découlant de l'augmentation du commerce international qui mettent en cause la souveraineté traditionnelle des États, par suite de la conclusion d'accords commerciaux entre pays limitrophes (libre échange entre le Canada et les États-Unis, et ultérieurement entre le Canada, les États-Unis et le Mexique, création de la Communauté européenne).

De fait, dans de nombreux pays, la réforme de l'administration publique fait partie du programme gouvernemental; il s'agit, en effet, d'un thème permanent pour tout parti politique désireux de se maintenir au pouvoir. Le Canada et le Québec ne font pas exception à cette règle. Les moyens diffèrent, mais les objectifs convergent.

Une cascade de réformes

Au Canada: L'histoire de l'administration publique fédérale nous enseigne que cette institution a été, au fil des ans, le théâtre de projets de réforme plus ou moins grandioses. Dans la plupart des cas, ces projets ont été élaborés soit par des firmes d'experts du secteur privé (à plusieurs reprises d'ailleurs, il s'agissait d'experts américains), soit par suite des recommandations d'une commission d'enquête ayant reçu le mandat d'étudier un ou des aspects du fonctionnement de l'administration fédérale (Charih, 1990). Il reste, de tous ces projets de réforme, des résultats biens modestes si on compare ces derniers aux objectifs grandioses fixés au départ. Certaines réformes ont insisté sur la révision des structures, d'autres sur une simplification des processus, d'autres encore sur un allégement des règles assujettissant le personnel. De fait, la réforme administrative peut être partielle ou totale; elle peut viser certains secteurs de l'administration et en épargner d'autres. Quoi qu'il en soit, la réforme est presque toujours cause de désaccord. Quand on ne se dispute pas à propos des objectifs qu'elle est censée poursuivre ou encore des meilleurs moyens pour les atteindre, on le fait à l'occasion de sa mise en œuvre ou encore lorsqu'il est question de créer ou d'éliminer des structures.

L'existence de toutes ces contraintes n'a pas freiné le gouvernement conservateur qui a élaboré, en 1990, un nouveau projet de réforme de la fonction publique fédérale, appelé *Fonction publique 2000*. L'objectif de *Fonction publique 2000* est de changer la culture organisationnelle de la fonction publique, c'est-à-dire de réconcilier les valeurs officielles de l'organisation, tels les objectifs, les missions et les programmes, avec la réalité informelle, cet ensemble de règles non écrites tels les mythes, les symboles et les habitudes, éléments qui donnent vie et mouvement à l'organisation. Cela suppose, pour les gestionnaires, la recherche constante d'une adéquation entre les structures de fonctionnement et les techniques de gestion modernes, et les perceptions des membres de l'organisation.

Fonction publique 2000 insiste également sur la nécessité d'améliorer le service au public et souligne que l'atteinte de cet objectif doit prévaloir contre le respect des règles et des procédures. La réforme insiste sur la logique des résultats, pierre angulaire d'une nouvelle dynamique organisationnelle. Désormais, la satisfaction des besoins du client doit l'emporter sur toute autre considération (obéissance aux directives, respect de la structure hiérarchique et de la division des tâches).

On le constate, le succès de cette réforme ne peut se limiter à un simple réaménagement des règles internes de fonctionnement; en effet, son succès présuppose un réaménagement des pouvoirs entre les différents niveaux de l'organisation administrative. Sans cela, il sera très difficile de remettre les structures à leur place et de fournir les nouveaux cadres d'action requis par les fonctionnaires pour améliorer l'efficacité des services publics (pour de plus amples détails, voir Approvisionnements et Services Canada, 1990).

On le voit, il s'agit d'un projet de réforme grandiose, d'un projet global visant à transformer la vie administrative au quotidien. Quelles en sont les chances de réussite? *Fonction publique 2000* connaîtra-t-il le sort peu enviable d'autres projets de réforme élaborés au cours des années antérieures et qui sont demeurés, en fin de compte, lettre morte (Commission Lambert, Comité d'Avignon notamment)? Déposé depuis plus d'un an maintenant, le rapport *Fonction publique 2000* n'a pas, pour l'instant, donné lieu aux transformations annoncées, si ce n'est le dépôt d'un projet de loi pour changer la loi de la fonction publique de 1967.

La mise en œuvre d'une réforme aussi ambitieuse ne sera guère facile; son implantation exigera le renouvellement en profondeur d'une des institutions les plus importantes du pays. Il y a gros à parier que de nombreuses forces d'opposition (syndicat, cadres intermédiaires, partis d'opposition) se combineront pour ralentir, voire paralyser son établissement.

Au Québec: L'administration publique québécoise a été, elle aussi, le théâtre de projets de réforme divers. Mais à ce jour, il n'est guère facile d'évaluer leur impact, notamment parce qu'au Québec on a opté pour des réformes sectorielles plutôt que pour une réforme globale. De fait, depuis les années 80, le gouvernement du Québec a commandé de nombreux rapports sur des sujets aussi variés que la réduction du nombre d'organismes gouvernementaux et l'élimination des règlements encombrants, la privatisation des entreprises publiques, l'amélioration des services aux usagers, la responsabilité et la mobilisation des employés, la formation continue des hauts fonctionnaires, etc. (Rapport Gobeil, Rapport Scowen, Rapport Fortier, notamment. Pour avoir une bonne synthèse de tous ces rapports voir Gow, 1987).

Mais, dans tous ces domaines, on est obligé de constater que le gouvernement libéral n'a pas été en mesure de faire les changements qui s'imposaient. Les règlements sont toujours aussi nombreux et peu d'organismes gouvernementaux ont été abolis ou privatisés. Par contre, tous les gestionnaires ont été tenus d'amorcer une réflexion sur la mission de leur organisme et d'adopter des procédures de travail censées favoriser la décentralisation des pouvoirs, la déconcentration des responsabilités, l'amélioration de la qualité des services grâce à une meilleure accessibilité aux différents services gouvernementaux et un accroissement de la satisfaction des usagers de ces services, l'évaluation continue des programmes et la participation accrue des cadres supérieurs et des hauts fonctionnaires.

Tous ces projets de réformes sectorielles parviendront-ils à franchir le cap de leur mise en œuvre effective? Les autorités politiques et administratives seront-elles en mesure de convaincre les employés et les syndicats du bien-fondé de leurs réformes? Il est difficile de répondre à ces questions car, en matière de réforme, les prédictions sont périlleuses, surtout lorsque l'on ne dispose pas des outils requis pour faire de la prospective. Soulignons toutefois que, quelles que soient les options privilégiées par le réformateur (tout redéfinir en faisant table rase ou bien réformer par touches successives), la réforme reste toujours un processus long et difficile; son temps de maturation épouse des rythmes qui entrent souvent en contradiction avec les échéances électorales ou encore avec les exigences du court terme.

En matière de réforme, il est facile de jeter la pierre aux administrations publiques en les accusant d'être sclérosées. Mais ce faisant, nous avons l'obligation de reconnaître que les administrations publiques de la plupart des États se sont transformées au fil des ans, et qu'elles ont été en mesure de faire face à leurs nouvelles responsabilités. Ce processus d'adaptation continuera dans l'avenir puisque, à l'intar du secteur privé, les administrations publiques auront à relever les défis d'un monde en transformation perpétuelle.

L'administration publique de demain

Dans un avenir très proche, les administrations de la plupart des États auront à s'adapter aux nouvelles configurations internationales qui ne cessent de changer. En effet, tandis que des empires s'écroulent (pays du bloc de l'Est), d'autres se profilent à l'horizon, tels la Communauté économique européenne, la zone de libre-échange Canada-États-Unis-Mexique. Bref, la mise sur pied, à l'échelle internationale, de nouveaux équilibres politiques et économiques, risque de rétrécir le champ d'intervention des États et de leur administration. De fait, sous peine d'être ramenés au rang de simple spectateur, ces derniers ont l'obligation de ne pas abdiquer s'ils veulent garder le contrôle de leur développement.

Évidemment, la capacité d'affronter les bouleversements internationaux varie selon les pays et les administrations. Par exemple, dans certains pays comme le Canada, on retrouve dans certains secteurs de l'administration, un modèle de gestion plus éclaté, c'est-à-dire une addition de régulations fractionnées qui agissent plutôt à la périphérie qu'au centre (chaque année, de nouveaux projets pilotes sont implantés dans certains ministères; ils sont gérés et évalués par les ministères eux-mêmes, plutôt que soumis à l'autorité des organismes centraux). Une telle addition de régulations fractionnées ne signifie nullement la fin du contrôle pour l'appareil central qui dispose pour cela de nouveaux outils.

Sans aucun doute, l'informatisation est l'instrument qui bouscule le plus, actuellement, les méthodes de gestion et les processus de décision dans les administrations publiques. Tandis que les secrets administratifs les mieux gardés tombent les uns après les autres, un nouveau modèle organisationnel prend forme, dominé par l'emprise du langage informatique. Le besoin de tout uniformiser pousse les administrations publiques à revoir les langages, les codes et les valeurs. Une telle uniformisation assure une augmentation de la prévisibilité des décisions des gestionnaires qui n'ont plus besoin, pour maintenir leur mainmise, des moyens traditionnels de contrôle. De plus en plus dominant, le centre peut ainsi se prévaloir d'une nouvelle légitimité de type technique, pour «surveiller» ce qui se passe afin de «punir» les déviances. Sur un autre plan, les progrès quasi illimités de l'informatique ont fait que les administrations publiques ont été en mesure de modifier, selon des schémas compatibles, leurs procédures de gestion et de décision. L'organisation administrative nationale peut donc faire face plus rapidement aux contraintes de l'environnement international et aux nécessités qu'exige la concertation. L'internationalisation de l'économie s'accentuant, les domaines d'intervention qui exigeront ce type de collaboration risquent de se multiplier. Les administrations publiques doivent donc disposer de tous les outils appropriés si elles veulent occuper une place de premier plan dans les échanges internationaux. Sans la maîtrise de ces outils, leur avenir est irrémédiablement compromis.

À cet égard, le cas de l'intégration économique européenne est un bon exemple. Tous les pays appelés à ratifier le traité de Maastricht auront des choix difficiles à opérer dans une foule de secteurs d'activité (immigration, monnaie, main-d'œuvre, etc.). À l'heure actuelle, on mesure encore très mal les répercussions qu'aura ce nouveau marché européen sur la politique des États nationaux et sur leur configuration administrative. Bien que l'accord de libre-échange Canada-États-Unis-Mexique n'ait pas la même envergure, il n'en demeure pas moins qu'un tel accord exige, de la part des deux partenaires, une harmonisation des mécanismes commerciaux et des procédures d'échange. En outre, un tel accord ne peut fonctionner sans la présence de structures de concertation, de contrôle et d'arbitrage.

Ces deux exemples confèrent du poids aux arguments de ceux qui soutiennent que, dans les années à venir, la marge de manœuvre des pays développés sera grandement réduite, par suite de l'accélération du processus de mondialisation des marchés. Tout en reconnaissant que de nombreux indices vont dans le sens d'un renforcement de cette mondialisation, seul l'avenir nous dira si le village global, dont rêvent de plus en plus de gens, sera une des réalités du XXIᵉ siècle.

Pour en finir avec l'irresponsabilité des fonctionnaires

L'image du village global est là pour nous rappeler qu'en dépit des nombreux reproches d'immobilisme et d'insuffisance que l'on adresse très souvent aux administrations publiques et aux fonctionnaires, ces derniers sont condamnés, sous peine de disparaître, à s'adapter sans cesse aux nouvelles configurations d'un monde en transformation rapide. Certes, les délais de maturation sont parfois démesurés par rapport aux propositions qui sont faites. Pourtant, malgré des réajustements parfois tardifs, les administrations publiques ont été un des lieux où, depuis le milieu des années 40, on s'est efforcé d'effectuer des mises à jour constantes, entre autres dans le domaine des méthodes et du personnel.

Au nombre de ces mises à jour, on note cette notion récurrente de l'imputabilité qui repose sur l'idée de la responsabilité des personnes qui prennent des décisions. Appliquée au secteur public, cette notion renvoie à la responsabilité administrative des gestionnaires redevables de leurs actes à leur supérieur hiérarchique. Cette définition toute simple ne rend évidemment pas compte des nombreuses acceptions de l'imputabilité, pas plus d'ailleurs que des difficultés soulevées par son application.

Simplifions les choses en disant que l'on donne généralement deux sens à cette notion. Le premier renvoie au désir des sous-ministres de reprendre le contrôle de la gestion de leur ministère, afin d'échapper à l'influence grandissante des organismes centraux, dont celle du Conseil du trésor et du ministère du Conseil exécutif. Venant de hauts fonctionnaires soucieux d'assumer leurs responsabilités, cette attente est tout à fait compréhensible; elle souligne leur intention d'en arriver à l'établissement d'un nouvel équilibre entre le législatif et l'exécutif. Quant au second sens, il découle du principe de la responsabilité ministérielle en vertu duquel les ministres sont individuellement et collectivement responsables envers le Parlement de toutes les actions du gouvernement. Cela signifie que les ministres sont investis de la responsabilité légale des décisions que prennent les ministères dont ils ont la charge, ainsi que de celle des agissements des personnes placées sous leur autorité.

Il faut dire que le débat sur l'imputabilité refait surface périodiquement au sein des administrations publiques. Au Canada et au Québec, on s'inquiète moins du bien-fondé du principe que de son application. En effet, s'il est relativement facile de s'entendre sur la méthode la plus judicieuse pour évaluer la performance des gestionnaires, compte tenu de la tâche à accomplir, il est beaucoup plus difficile de parvenir à un consensus lorsqu'il est question d'instituer des comités parlementaires devant lesquels comparaîtraient les sous-ministres et les dirigeants d'organismes. Ces derniers seraient tenus de répondre publiquement de la gestion des organismes qui leur ont été confiés et exigeraient, en contrepartie, d'accroître leur influence sur les ministères et les organismes dont ils sont responsables.

Les tenants de la responsabilité ministérielle ont soulevé plusieurs objections à ce sujet; à juste titre, ils craignent une diminution concomitante du prestige des ministres. Ils sont également conscients du fait que l'imputabilité augmenterait la marge de manœuvre des gestionnaires, et que ces derniers auraient tendance à gérer comme ils l'entendent l'organisation dont ils ont la charge. On objecte également que ce nouveau partage des responsabilités conduirait à la politisation des hauts fonctionnaires, et porterait ombrage aux ministres; ces derniers sont, rappelons-le, des personnes élues et, dans notre système de représentation, cela leur confère une autorité légitime.

Mais toutes ces objections ne règlent pas les questions de fond que soulève la mise en application de l'imputabilité. Une première question concerne la responsabilité de l'administration lorsqu'elle s'acquitte de ses missions. Agit-elle sous l'autorité du gouvernement ou bien est-elle totalement indépendante? Une seconde interrogation se pose au niveau des procédures puisque, comme nous l'avons vu précédemment, les gestionnaires sont tenus de se soumettre aux directives des organismes centraux et d'assurer leur gestion en conséquence. Telles sont les règles de la dynamique parlementaire où les politiciens attendent des fonctionnaires qu'ils administrent les programmes et qu'ils servent l'État. La conciliation de ces attentes, basées sur l'idée que le Parlement décide et l'administration exécute, leur conciliation disons-nous, avec l'image de gestionnaires actifs et responsables, connaît des difficultés accrues à cause de la confrontation et de l'opposition partisanes du jeu parlementaire. Pour clore ce sujet, disons que le débat sur l'imputabilité dans le secteur public a permis aux gestionnaires de comprendre qu'il était impératif de trouver des solutions au problème de l'augmentation des coûts et à celui du ralentissement de la productivité. Sans doute est-il vital pour l'avenir du secteur public que les gestionnaires parviennent à relever ces derniers défis.

Administration publique/ administration privée

La liste des responsabilités des administrations publiques ne cesse de s'allonger, au moment où les gouvernements ont de plus en plus de difficulté à faire face aux coûts des services publics. Les États modernes sont endettés et, tandis que la partie du produit national brut consacrée aux dépenses publiques est en hausse constante, le paiement des intérêts sur la dette mobilise une portion croissante des dépenses gouvernementales. De toute évidence, les temps ont bien changé depuis les années 60, cet âge d'or des gouvernements et des administrations. Aujourd'hui, les budgets des dépenses excèdent les revenus, et les déficits successifs réduisent d'autant la marge de manœuvre des gouvernements.

Ce nouveau contexte budgétaire a accéléré la remise en cause du type de gestion propre au secteur public et les gestionnaires se sont tournés vers l'entreprise privée, voyant là un modèle à suivre pour le secteur public. Le management public se veut une réponse à la gestion déficitaire des gouvernements. Il s'agit d'un modèle de gestion pragmatique fondée sur l'efficacité, la compétitivité et la rentabilité. Ce modèle préconise le retrait de l'État de nombreux secteurs d'activité et encourage la concurrence entre les secteurs public et privé. En fait, il s'agit pour l'État d'utiliser le plus efficacement possible des ressources qui se font rares, dans un environnement international imprévisible. La recherche de l'efficacité devient le critère premier.

Certes, le management public constitue un pas dans la bonne direction pour des administrations publiques aux prises avec les difficultés que l'on connaît. Néanmoins, il y a des limites à respecter en matière de service public et il est illusoire de croire qu'un jour le secteur public sera géré selon les principes en vigueur dans le secteur privé, lequel connaît lui-même de sérieuses difficultés et fait face, depuis quelque temps, à l'écroulement d'empires que tous croyaient à l'abri des tracasseries financières.

Mais, plus important encore, on ne saurait confondre les deux secteurs, le public et le privé, sous peine de nier à l'État son fondement, c'est-à-dire la satisfaction de l'intérêt général et la gestion d'un ensemble complexe de sanctions grâce auxquelles la communauté obéit à l'État. Dans un tel contexte, il faut prendre garde de vouloir rentabiliser à tout prix le secteur public en limitant à outrance l'une de ses principales fonctions: la redistribution de la richesse. L'entreprenariat, dans le secteur public, ne saurait donc être le remède universel aux difficultés que rencontrent actuellement les administrations publiques modernes.

Pour terminer, il n'est pas inutile de rappeler que les prochaines années seront difficiles, aussi bien pour les administrations publiques que pour les entreprises privées. Sans doute les administrations publiques de demain seront-elles radicalement transformées, même si elles conservent certaines des caractéristiques propres aux organismes assujettis à des règles particulières et la charge de missions spécifiques. Mais, dans les deux secteurs, on retrouvera sans doute une structure pyramidale aplatie et moins hiérarchisée, un personnel moins nombreux et plus spécialisé. Dans certains domaines, les emprunts de l'un à l'autre deviendront de plus en plus fréquents, mais l'amalgame des deux secteurs n'aura pas lieu. Chacun se modifiera selon son propre rythme, au gré des exigences de cette fin de siècle, tout en conservant sa substance.

Conclusion

Au terme de cette étude, nous sommes en mesure d'appréhender ce que sont l'organisation administrative du secteur public et les principaux aspects de son fonctionnement. Nous savons désormais ce qu'est vraiment une administration publique et nous reconnaissons son caractère irréductible. Nous avons pu repérer également, ses principaux domaines d'intervention et dégager la configuration des organes chargés de l'exécution de ses nombreuses missions ainsi que l'étendue de leurs pouvoirs

On sait maintenant que le champ d'intervention de l'administration publique est immense et qu'il s'est considérablement accru depuis l'avènement de l'État providence. On connaît également le régime d'emploi particulier, basé sur le principe du mérite, auquel sont assujettis ceux qui travaillent dans les administrations publiques, c'est-à-dire les fonctionnaires et qui sont tenus d'agir en conformité avec l'autorité qui émane de leur poste. S'ils sont soumis à toute une série de contrôles administratifs qui s'exercent à travers l'organisation hiérarchique, ils bénéficient en contrepartie, de conditions de travail qu'envient bien des employés du secteur privé, notamment la sécurité d'emploi notamment et un éventail assez large d'avantages sociaux.

Le fonctionnement des administrations publiques pose non seulement de nombreux problèmes humains, mais aussi des problèmes sociaux et politiques. En effet, nous savons que l'administration publique ne vit pas en vase clos, mais qu'elle réagit constamment aux fluctuations de son environnement avec lequel elle est en interraction constante. Voilà pourquoi les administrations publiques sont à la fois différentes et semblables puisqu'elles sont tenues de s'adapter et de réagir au milieu ambiant. Tous ces changements font du secteur public un milieu vivant et dynamique, inséparable du groupe social dont il fait partie.

Notre incursion dans le secteur public nous a finalement conduits à aborder le problème de la réforme administrative et des conditions de sa mise en œuvre. C'est un thème récurrent dans les études portant sur l'administration publique et parmi les politiciens et les fonctionnaires eux-mêmes. Les projets de réforme de toute nature ne manquent pas, comme nous le verrons à travers les exemples québécois et canadien. Toute entente portant sur un contenu de réforme ou bien sur les moyens de sa mise en œuvre exige un accord entre les concepteurs du projet et le personnel chargé de l'appliquer. Tout projet de réforme provoque donc invariablement une levée de boucliers de la part des divers acteurs en présence qui, à tort ou à raison, se sentent généralement menacés par le moindre changement.

Mais toutes ces contraintes n'empêchent nullement les administrations publiques d'évoluer, de se renouveler et de s'adapter progressivement aux nouvelles contraintes de leur environnement.

Il faut dire qu'en cette fin de siècle, l'administration publique ne manque pas de défis et qu'elle aura besoin, pour passer le cap des années difficiles qui s'annoncent, de faire preuve d'imagination et d'ouverture. On peut dire aussi, et avec certitude, que l'administration publique a fini de vivre au-dessus de ses moyens et que son entrée réussie dans le XXIe siècle dépend de sa capacité à dégager de nouvelles marges de manœuvre financières. Mais cela est plus facile à dire qu'à faire puisqu'on ne semble pas prévoir un retour prochain à la santé des finances publiques. Depuis de nombreuses années déjà, les gouvernements ont financé une part importante de leurs programmes en s'endettant, d'où un déficit ahurissant. Le délabrement des administrations canadienne et québécoise est la preuve criante d'une situation alarmante et il faudra, à court terme, consentir à des remises en question douloureuses.

Déjà, le processus est amorcé, et la réduction des dépenses gouvernementales ou, plus justement, leur stabilisation, confirme que les gouvernements savent bien qu'ils ne peuvent plus, contrairement aux années 60, développer de nouveaux programmes sans se préoccuper de leurs coûts. Mais ces freins restent une goutte d'eau dans le désert de leurs difficultés.

La situation critique dans laquelle se trouvent les finances publiques donne du poids aux arguments de ceux qui favorisent la thèse de l'État réduit, et qui qualifient d'échec relatif les programmes gouvernementaux. Sur le plan économique, ils soutiennent que l'État a failli à sa tâche de contrôle des cycles économiques et que ses interventions n'ont pas donné les résultats escomptés; ils constatent par ailleurs l'échec des programmes sociaux, la présence continuelle d'inégalités sociales et l'augmentation du nombre de ceux qui dépendent totalement des prestations de l'aide sociale. Bien que certaines de ces critiques viennent surtout du milieu des affaires, elles commencent à faire boule de neige. Les gouvernements ne s'y trompent pas et commencent à tenir compte de toutes ces récriminations pour repenser le rôle de l'État et celui de son administration.

Mais, à bien des égards, la réforme de l'État et de son administration ne peut se faire sans la participation des hommes et des femmes qui assurent le bon fonctionnement de la machine étatique. Les ressources humaines sont la cheville ouvrière de cet ensemble administratif; c'est à elles que s'adressent nos critiques lorsque nous sommes insatisfaits. L'expérience des dernières années montre de plus que les fonctionnaires sont devenus la cible toute désignée des opposants à l'État providence et qu'ils ont dû consentir à des ajustements importants. On a réduit leurs effectifs par des coupures de postes et des retraites anticipées. On a augmenté le personnel non permanent et saisonnier, et restreint le nombre des embauches. Les fonctionnaires ont fait leur part, et leur collaboration ou leur opposition au projet de renouvellement de l'État et de son administration dépend du statut qui leur sera octroyé dans le futur.

L'avenir nous dira si l'administration publique est capable de relever ce double défi qui consiste à réformer ses structures et renouveler son mode de gestion tout en préservant le dynamisme de son capital humain sans lequel ne pourrait fonctionner aucune administration.

Bibliographie sélective

ADIE, Robert F. et Paul G. THOMAS (1987), *Canadian Public Administration: Problematical Perspectives*, Toronto, Prentice-Hall.

ALLISON, Graham T. (1971), *The Essence of Decision*, Boston, Little, Brown.

APPROVISIONNEMENTS ET SERVICES CANADA (1990), *Fonction Publique 2000*, Ottawa.

BACCIGALUPO, Alain (1976), *L'Administration québécoise*, Paris, Berger-Levreault.

BACCIGALUPO, Alain (1978), *Les grands rouages de la machine administrative québécoise*, Montréal, Agence d'Arc.

BÉDARD, Denis (1987), *Les compressions budgétaires: l'expérience du gouvernement du Québec*, Texte présenté lors du colloque de l'IIAP et de l'ENAP tenu à Paris.

BERNARD, André (1992), *Politique et gestion des finances publiques*, Sillery, PUQ.

BERNARD, Louis (1987), *Réflexions sur l'art de se gouverner*, Montréal, Québec/Amérique.

BORGEAT, Louis *et al.* (1982), *L'Administration québécoise: organisation et fonctionnement*, Sillery, PUQ.

BORINS, Sandford F. et Barry E.C. Boothman (1985), «Les Sociétés d'État et l'efficacité économique», dans McFETRIDGE, Donald G., dir., *La mise en œuvre de la politique industrielle canadienne*, Toronto, University of Toronto Press, p. 89-153.

CHARIH, Mohamed (1990), *La guerre des experts d'Ottawa*, Montréal, Agence d'Arc.

CHEVALLIER, Jacques et Danièle LOSCHAK (1978), *Science administrative*, Paris, Librairie générale de Droit et de Jurisprudence.

CHEVALLIER, Jacques et Danièle LOSCHAK (1980), *La Science administrative*, Paris, PUF/Que Sais-je? n° 1817.

CONSEIL ÉCONOMIQUE DU CANADA (1986), *L'État entrepreneur*, Ottawa: Approvisionnements et Services Canada.CROZIER, Michel (1963), *Le phénomène bureaucratique*, Paris, Seuil.

CROZIER, Michel et Erhard FRIEDBERG (1977), *L'Acteur et le système*, Paris, Seuil.

DUVERGER, Maurice (1970), *Institutions politiques et droit constitutionnel*, deuxième édition, Paris, PUF.

ELLUL, Jacques (1977), *Le système technicien*, Paris, Calmann-Lévy.

GALBRAITH, John Kenneth (1968), *Le nouvel État industriel*, Paris, Gallimard.

GÉLINAS, André (1975), *Les Organismes autonomes et centraux de l'administration québécoise*, Montréal, PUQ.

GOURNAY, Bernard (1978), *Introduction à la science administrative*, nouvelle édition, Paris, Armand Colin.

GOUVERNEMENT DU QUÉBEC, Bureau de la statistique (1989), *Le Québec statistique, 59ᵉ édition*, Québec, Les Publications du Québec.

GOW, James Iain (1984), «La réforme administrative de 1983: contexte, contenu et enjeux», *Politique*, nᵒ 6, p. 51-101.

GOW, James Iain (1986), *Histoire de l'administration publique québécoise 1867-1970*, Montréal, PUM.

GOW, James Iain (1987), «Repenser l'État et son administration», *Politique*, nᵒ 11, p. 5-41.

GOW, James Iain *et al.* (1987), *Introduction à l'administration publique*, Montréal, Gaëtan Morin.

GREFFE, Xavier (1981), *Analyse économique de la bureaucratie*, Paris, Economica.

HODGETTS, J.E. *et al.* (1975), *Histoire d'une institution*, Québec, PUL.

LAJOIE, Andrée (1968), *Les Structures administratives régionales*, Montréal, PUM.

LAPIERRE, Jean-William (1973), *L'Analyse des systèmes politiques*, Paris, PUF.

LEGAULT, Ginette (1991), *Repenser le travail: quand les femmes accèdent à l'égalité*, Éditions Liber.

LOWE, G.S. (1987), *Women in the Administrative Revolution*, Toronto, University of Toronto Press.

MAZMANIAN, Daniel A. et Paul M. SABATIER (1983), *Implementation and Public Policy*, Glenview, Illinois, Scott, Foresman and Company.

MERLE, Maurice (1958), «Influence de la technique», dans *Politique et technique*, Paris, PUF.

MEYNAUD, Jean (1964), *La Technocratie, mythe ou réalité?*, Paris, Payot.

MEYNAUD, Jean (1965), *Les groupes de pression*, Paris, PUF/Que sais-je? nᵒ 895.

MINTZBERG, Henry (1986), *Structure et dynamique des organisations*, Montréal, Agence d'Arc.

MORIN, Claude (1991), *Mes premiers ministres*, Montréal, Boréal.

PARENTEAU, Roland (1992), directeur, *Management Public: Comprendre et gérer les institutions de l'État*, Sillery, PUQ.

PICHÉ, Denise et Carolle SIMARD (1989), dir., *L'Accès à l'égalité dans les universités*, Québec, Inter-syndicale des professeurs d'universités québécoises.

PROSS, A. Paul (1986), *Group Politics and Public Policy*, Toronto Oxford University Press.

QUERMONNE, Jean-Louis (1991), *L'Appareil administratif de l'État*, Paris, Seuil.

RIVERIN, Alphonse (1984), directeur, *Le Management des affaires publiques*, Montréal, Gaëtan Morin.

ROCHER, Guy (1986), «Droit, pouvoir et domination», *Sociologie et Sociétés*, n° 18, p. 33-46.

SADRAN, Pierre (1985), «Deux images du dialogue administration-administrés» dans Centre universitaire de recherches administratives et politiques de Picardie, *Psychologie et Science Administrative*, Paris, PUF, p. 122-133.

SIMARD, Carolle (1983), *L'Administration contre les femmes*, Montréal, Boréal.

SIMARD, Carolle (1987), «La Recherche en administration publique au Québec», *Politique*, n° 11, p. 73-106.

SIMARD, Jean-Jacques (1979), *La longue marche des technocrates*, Laval, Éditions Albert St-Martin.

SIMON, Herbert A. (1976), *Administrative Behavior*, troisième édition, New York, Free Press.

SULEIMAN, Ezra N. (1976), *Les hauts fonctionnaires et la politique*, Paris, Seuil.

WEBER, Max (1922), *Économie et société*, Paris, Plon (édité en français en 1971).

Dans la collection «Boréal Express»

1. *Le Syndicalisme au Québec*, Bernard Dionne
2. *Le Cinéma québécois*, Marcel Jean
3. *Le Roman québécois*, Réjean Beaudoin
4. *La Question indienne au Canada*, Renée Dupuis